袁树森 黄硕 编著

老话儿

正在消失的语言

团结出版社

图书在版编目（ＣＩＰ）数据

老话儿：正在消失的语言 / 袁树森编著. —— 北京：
团结出版社, 2019.11
ISBN 978-7-5126-6808-9

Ⅰ.①老… Ⅱ.①袁… Ⅲ.①汉语－研究 Ⅳ.
①H1
中国版本图书馆 CIP 数据核字(2018)第 269394 号

出　版：团结出版社
　　　　（北京市东城区东皇城根南街 84 号　邮编：100006）
电　话：（010）65228880　65244790　（出版社）
　　　　（010）65238766　85113874　65133603（发行部）
　　　　（010）65133603（邮购）
网　址：http://www.tjpress.com
E-mail：zb65244790@vip.163.com
　　　　fx65133603@163.com（发行部邮购）
经　销：全国新华书店
印　装：三河市东方印刷有限公司

开　本：170mm×240mm　　　16 开
印　张：20
字　数：261 千字
印　数：5000
版　次：2019 年 11 月　第 1 版
印　次：2019 年 11 月　第 1 次印刷

书　号：978-7-5126-6808-9
定　价：49.00 元

前　言

　　什么是"老话儿"？顾名思义，"老"在这里有两种解释，一是历史悠久，二是经常的意思，那些经常被人们用于语言之中，有着久远历史的语词、语句就是老话儿。"老话儿"是北京地区对俗语、俗话、常言、谚语等的称呼。俗语、俗话、常言、谚语等都是"老话儿"。

　　简单地说，"老话儿"就是语言中的俗语和熟语，是汉语语汇里为人民大众所创造，并在群众口语中广泛流传，具有口语性和通俗性的语言单位，是通俗并广泛流行的定型语句。其特点是简练而形象，风趣幽默，表达明确，说理性强，大多数是劳动人民创造出来，反映人民生活经验和愿望的语词和语句。

　　俗语，也称"常言""俗话"，这三者是同义词。北京人则是把俗语称为"老话儿"。当对别人申明自己观点的时候，经常以"老话儿"作为根据，"老话儿说如何如何"，以加强自己的语言的说服力。"俗语"一词，普遍用作语言学的术语；"常言"一词，带有文言的色彩；"老话儿"一词，则有口语的气息。

　　可以这样讲："老话儿"是北京的俗语，即从语言中提炼出来的一部分，流传时间长的，通俗易懂，具有哲理性，经常被人们所使用的固定词组，或者语句，用比喻的方法说明一个问题的简短语言。

　　"老话儿"跟成语一样，都是语言整体中的一部分，可以增加语言的鲜明性和生动性。"老话儿"是广泛流传于民间的言简意赅的短语,多数反映了劳动人民的生活实践经验,而且一般都是经过口头传下来的。它多是口语形式的通俗易懂的短句或韵语,人们生活中常用的现成的话。俗语类似成语,但口语性强,通俗易懂,而且一般都表达一个完整的意思,形式上差不多都是一两个短句。老话儿内容包括极广,有的是农用谚语,如"清明前后,栽瓜种豆";有的是事理谚语,如"种瓜得瓜,种豆得豆";有的属于生活上各方面的常识俗语,如"饭后百步走,活到九十九"。类别繁多,不胜枚举。

习近平同志于 2014 年 2 月 25 日在北京市考察工作时的讲话中说道:"历史文化是城市的灵魂,要像爱惜自己的生命一样保护好城市历史文化遗产。北京是世界著名古都,丰富的历史文化遗产是一张金名片,传承保护好这份宝贵的历史文化遗产是首都的职责……""老话儿"是传统文化的一个组成部分,为此,我们编写了这本关于"老话儿"的书,以飨读者。

目　录

序　言

我国幅员辽阔，各地都有俗语，表明同一个观点，都是以当地耳熟能详的事例浓缩而成，故而使用的俗语也有所不同。俗语的数量极大，不可胜计。故而在此，本书主要讨论的是北京地区流行的俗语，也就是北京的"老话儿"。

既然是北京的俗语，"老话儿"那就一定会带有北京的地方特点。概括起来，"老话儿"主要有这样几个特点：

一、通俗易懂，口语化强。"俗语"是熟语之一，指约定俗成，广泛流行，且形象精练的语句。老话儿与俗语基本相等，但也略有不同，俗语中有许多是来自于古文或者典故的，例如"不入虎穴焉得虎子"，这句话出自范晔《后汉书·班超传》："班超曰：'不入虎穴，不得虎子。当今之计，独有因夜以火攻虏，使彼不知我多少，必大震怖，可殄尽也。'"听起来显得有些文绉绉的。而表达同样的意思，老话儿则是说得更通俗一些。用"舍不得孩子套不着狼"表达同一个意思。俗语里有"近朱者赤，近墨者黑"一句，出自于晋·傅玄《太子少傅箴》："故近朱者赤，近墨者黑；声和则响清，形正则影直。""老话儿"里一般没有"之乎者也"等辅助用词，认为那是酸文假醋。而是会使用普通人经常说的话，并且是用生活中人们所熟悉的事物做比喻，更通俗易懂的语言进行表达。表达同样的意思，"老话儿"会这样说："跟着巫婆儿会跳神儿。"

二、流传时间长，具有传承性。"老"字表示的就是时间长，有一定的历史。同一句"老话儿"，可能会从爷爷传到孙子，再传到自己的孙子，前后五辈儿人都使用过同一句"老话儿"来作为说理的依据。如果向上追溯，那就不知道流传多少辈子了。从这一点可以证明，"老话儿"所具有的传承性和延续性。

三、具有哲理，说理性强。"老话儿"大多是普通人创造出来的，是集体智慧的结晶，是前人经验的总结。"老话儿"能够恰如其分地说明一个道理，这个道理适用于其他类似的事项，某些"老话儿"会用多个句子表达同一个意思。例如："灯不点不明，话不说不透，砂锅不打一辈子也不漏。"

四、朗朗上口，便于记忆。"老话儿"的语言形式丰富，富于乐感，具有相当的语言表现艺术。"老话儿"有长有短，短句式一般都使用固定词组，例如"破财免灾""棒打出孝子"等；较长的句子有的使用排比句，例如"不盖房不知祖宗苦，不分家不知道哥们儿亲，不当家不知柴米贵，不养儿不知父母恩"；有些使用的是关联句，例如"不打勤的，不打懒的，专打不长眼的""八月十五云遮月，正月十五雪打灯"；有的使用比喻句，例如"包子有肉不在褶上""虎落平阳被犬欺，拔了毛的凤凰不如鸡"，这些句子虽然比较长，但是都合辙押韵，具有音乐感，说起来抑扬顿挫，朗朗上口，只有这样才能够便于记忆。

五、良莠并存，审慎而用。老话儿中存在着一些不合现代社会精神文明标准的东西，在继承的时候应该采取扬弃的态度。去其糟粕，取其精华。例如"牡丹花下死，做鬼也风流""见便宜不占是傻蛋"等等，都与现代社会所提倡的思想意识、社会道德标准不相符，是应该摒弃的对象。有一些"老话儿"已经过时了，与现实不符，或者不符合当今社会道德标准，例如"人活七十古来稀""书内有黄金，不打不记心"等等。还有一些"老话儿"，虽然讲的道理是正确的，但是表现形式却很庸俗，也应当在摒弃之列。

需要说明的是，有一些"老话儿"，原本是褒义，但是在流传的过程中，却变成了贬义。例如"人不得外财不富，马不吃夜草不肥"，本意是：马如果只给它一日三餐，夜间不加饲料的话，它是不会肥壮起来的；就如同人一样，只守住一方田地，没有自己的创新发展，到什么时候也不会富裕起来。这句话后来却变成了贬义，比喻通过不正当的渠道得来的意外收获，比喻不靠自身努力而只想天上掉馅饼的事。再例如"三天打鱼，两天晒网"，这原本是渔民生产经验的总结，说的是三天出海打鱼，回来用两天时间修补晾晒渔网，这是打鱼人的生产常识。每天打鱼每天晒网的方式是不可能的。出海打鱼期间是不可能修补渔网的。而现在"三天打鱼，两天晒网"在多数情况下是含有贬义的，形容人的懒惰。对于这类"老话儿"的处理方法，也只有约定俗成，无须去改回原意了。

熟语与俗语不同，指的是常用的固定语词或短语。如："乱七八糟""不管三七二十一""死马当做活马医"等。熟语用词固定、语义结合紧密、语音和谐，是语言中独立运用的词汇单位。熟语一般具有两个特点：结构上的稳定性、意义上的整体性。与谚语的差别是，熟语基本上具有俗语的特点，但是一般不单独提出来用，需要有一定的语言环境，用于句子当中。熟语在句子中起着画龙点睛的作用，使句子表达的意思更明确、更生动。例如"不管三七二十一"这句"老话儿"，是人们常用的一句口头语，意思是不顾一切，不问是非情由。但是无法提出来自成一句，作为说理的依据，只能够用在句子里，表达不顾一切的意思。

中国的语言内容丰富，文化韵味强，特别是北京的语言，具有较强的艺术性，风趣幽默，适当地运用"老话儿"，可以提高语言艺术，增强语言的魅力。本书中仅选取了流行于北京地区的一部分"老话儿"，略加解释，集结成册，以飨读者。所选取的"老话儿"，一般都是现今人们还在常使用的，能够发挥正能量的，对人际交往有益的。

"老话儿"是古人经验的总结，广泛存在于生产、生活之中，因而具有地域性、民族性、行业性的特点。不同地域、不同民族、不同行业、不同人群中所流行的"老话儿"有些是不一样的。例如"寸草铡三刀，没料也上膘"，这是喂养骡马等大牲口的人们爱经常说的一句"老话儿"，意思是说，给牲口吃的谷草，一定要铡得很碎，牲口吃了才便于消化。这是某个特殊行业经验的总结，城市里的人就可能就听不懂。再例如"船头坐得稳，不怕风来颠"，这句话显然具有地域性，不靠近河湖地区的人们是很难理解的。

用"老话儿"说明一个道理，表达一个意思，有多种表达方法，可以用若干句不同的"老话儿"表达同一个意思。这是"老话儿"丰富性的一个表现特点。例如："不经寒暑，不知道冷热""不挑担子不知重，不走长路不知远"，这两句话表达的就是同一个意思，即实践出真知。

"老话儿"使用频率最高的就是在人们的日常生活中，日常生活是人类活动的主体部分，占了人生的绝大部分时间，因而是语言交流最频繁的一个区域，"老话儿"使用的也就最多。日常生活的范围非常广泛，包罗万象。

从语言学上区分，"老话儿"可以分为两大类型，一种是可以独立成句，拿出来单用的，经常用于说理的依据。例如："老话儿"说，不看僧面看佛面，咱们和他父亲相识，还是不要和他计较了吧。另一类是不能单独成句，只能用在句子当中，在一定的语言环境中，表达一个意思，例如：他就是个"马大哈"，总是丢三落四的。

"老话儿"内容丰富，数量极多，为了阅读方便，在本书中分成"常见成句老话儿"、"不成句老话"、"带数字的老话"、"老话的来历"、"改变原意的老话"以便于阅读。

一 常见成句老话儿

　　这个类型的老话儿是可以独立成句，拿出来单用的，用于一个句子的前半句话，作为说理的依据，然后再用后半句话说明事理，形成一句完整的话，表达一个完整的意思。这种类型的老话儿是大量的，是老话儿中的主体部分。

1.学习·成长

学习：通过阅读、听讲、研究、观察、实践等手段，获得知识或技能的过程，是一种使个体可以得到持续变化（知识和技能，方法与过程，情感与价值的改善和升华）的行为方式。广义的解释为：学习是人在生活过程中，通过获得经验而产生的行为或该行为潜能的相对持久的行为方式。成长：指长大、长成成人，泛指事物走向成熟，摆脱稚嫩的过程。简而言之，就是自身不断变得更好、更强、更成熟的一个变化过程。关于这方面，北京地区有许多老话儿。

老话儿

宝剑锋从磨砺出，梅花香自苦寒来

说宝剑锋利和梅花无比清香都经过了许多磨难才得来的，所人要取得成绩，就要能吃苦，多锻炼，靠自己努力来赢得胜利。

不受苦中苦，难为人上人

人上人：指才能出众的人。吃得千辛万苦，才能获取功名富贵，成为别人敬重的人。语出自明·冯梦龙辑《警世通言·玉堂春落难逢夫》。公子自思："可怎么处他？"走出门来，只见大门上挂着一联对子："十年受尽窗前苦，一举成名天下闻。""这是我公公作下的对联。他中举会试，官到侍郎。后来咱爹爹在此读书，官到尚书。我今在此读书，亦要攀龙附凤，以继前人之志。"又见二门上有一联对子："不受苦中苦，难为人上人。"后来成为民间俗语，改为"吃得苦中苦，方为人上人"。

也可以这样理解，成绩都是通过艰苦的努力而取得的，要成就一番事业，就必须要付出一定的代价。

不下水，一辈子不会游泳；不扬帆，一辈子不会撑船

要掌握一项技能，必须要通过实践才行。正如毛泽东同志在《实践论》一文中说的，"你要想知道梨子的滋味，就要变革梨子，亲口吃一吃"，"实践出真知"，知行合一是学习的最好方法。

功到自然成

一般形容下了足够的工夫，事情自然就会取得成功。用来激励他人上进。

过了青春无少年

意思是劝告年轻人，美好的青春很快就会过去，不要空度时光，要珍惜宝贵的时间，开创出自己的事业来。

隔行如隔山

每一个行业都有自身的特点，不是本行的人就不懂这一行业的门道儿，就像是隔着一重大山一样，不知其意。

好男不擎祖业产，好女不争嫁时衣

意思是说：要过好日子最好自己去创业，不要依靠父母，而失去了做事的能力。

好脑袋瓜子，不如烂笔头子

人的大脑记忆是有限度的，有些记忆容易忘记，在使用的时候却想不起来。如果用纸笔记录下来，就永远地记住了。这也正印证了另一句老话儿，"千年的字纸会说话"。

名师出高徒

高明的师傅一定能教出技艺高的徒弟。比喻学识丰富的人对于培养人才的重要。

宁受少时苦，不受老来贫

一个人年轻的时候多受些苦没关系，是学习技能积累财富的过程，是为年老无力时作打算，年老无力时如果受苦，那就没有改变的机会了。

逆水行舟，不进则退

意指顶着水流行船。比喻不努力向前进就要往后退，也比喻做事有阻力，必须努力从事。

勤能补拙

意思是指后天的勤奋能够弥补先天的不足、缺陷。为人不要因为自己的先天不足而甘居落后，只要是勤勉奋进，就一定能够取得好的成绩。

若要人前显贵，必得人后受罪

意思是说，一个人要想在别人面前炫耀自己是多么富贵的话，那么他必然要为此付出代价。要想受到别人的尊敬，那就要拿出真本事来。而真本事是拿血汗换来的。这句话的意思不是说同时进行的，是个必要条件，就是显得贵，必须先受罪。

书到用时方恨少

这句话字面意思是：等到真正用到知识的时候，才后悔自己会的知识太少了。启示我们平时应当勤学好问，等到真正用到知识的时候，才不会手忙脚乱地去翻书。

师父领进门，修行在个人

意思是说：师父指导你正确的修行方法，而用功还是要靠自己。凡事有内因和外因，内因起决定作用，外因仅是条件。师父不能代替你，但是你可超过师父。

绳锯木断，水滴石穿

意思是说：人只要有毅力，"勤"字当头，就能把事情做成功。也用来比喻日积月累，积小为大，积少成多的意思。

熟能生巧

无论是学习还是做事情，熟练了，就能找到窍门儿。

书山有路勤为径，学海无涯苦作舟

在读书、学习的道路上，没有捷径可走，也没有顺风船可驶，如果你想要在广博的书山、学海中汲取更多更广的知识，"勤奋"和"刻苦"是必不可少的。这句诗可以作为座右铭来激励一代又一代的年轻人。学习上哪怕不聪明，只有勤奋、坚持不懈，才会有所收获，走向成功。

少壮不努力，老大徒伤悲

这句老话儿是说年轻的时候不努力学习，不好好工作，到了年纪大了一事无成，后悔就来不及了。这里的"老大"，指年老；"徒"是白白地。

贪多嚼不烂

原意是：贪图多吃，消化不了。比喻工作或学习，图多而做不好或吸收不了。比喻学习内容过多，不易理解、记忆，反而效果不好。

天下无难事，只怕有心人

这句话的意思是说：只要有志向，有毅力，再大的困难也能克服，没有什么办不到的事情。

勿以恶小而为之，勿以善小而不为

不要认为坏事较小就去做它，不要认为好事较小就不去做它。这句话讲的是做人的道理，恶，即使是小恶也不能去做；善，即使是小善也必须要做。要积小善为大善，不要积小恶为大恶。

戏法是假的，功夫是真的

戏法不是"变"出来的，而是自己事先准备好的。但是其中的技巧却是真功夫，需要经过辛苦的练习。

艺不压身

艺：技艺。技艺不会压垮身体。比喻人学会的技艺越多越好。

有好宅子，不如有好孩子

意思是说：好宅子除去自己本身的价值之外，不能产生新的价值，而好孩子可以创造出更多的价值。

严师出高徒

严：严格，一丝不苟。出：产生，此指培养出来。高：本领高超。整条词语的意思是：一丝不苟的好师傅或好老师，能教出本领高超的好徒弟或好学生。

一 常见成句老话儿

只要功夫深，铁杵磨成针

这句老话儿比喻做事要有毅力，勤奋不辍就会取得成功。语出明人陈仁锡的《潜确类书》。故事说，唐代大诗人李白在少年时代一度不认真读书学习。有一次，该读的书还没有读完，他就出门玩耍去了。路上有一位老婆婆正在吃力地磨着一根铁棒，李白见了，觉得很奇怪，便问道："您老人家为什么要磨这根铁棒呢？"老婆婆说："我要把它磨成一根针。"李白被老婆婆的话感动了，于是回到家里发愤读书，出色地完成了学业，终于取得很大的成绩。

老话儿

2. 工作 · 做事

　　一个人的工作是他在社会中所扮演的角色。工作实现人生意义，满足人生需求。工作不是生活的全部。生命的意义在于生活，工作只是为了生活得更好，不仅仅只限于工作。工作的意义在于发挥出我们的才能，使我们得到一种成就感，即满足的最高需求（按照马斯洛五个需求理论），使我们的心情更加愉悦，从而使我们的生活更加美好。而金钱、荣誉只是我们潜心于工作带来的副产品。

　　"做事"指从事某项工作或者处理某件事情。指创造财富的过程。要想把事情做好，就一定要符合客观规律，否则就做不成或者做不好。在这方面，我们的前人有许多经验教训，利用语言的方式代代相传，形成"老话儿"。

饱吹饿唱

　　北京有句老话，叫做"饱吹饿唱"，意思是说：吹奏乐器的人，必须得吃饱喝足了，吹奏起来才底气十足；唱戏的人讲究气发丹田，得给腹腔腾出地儿来，不能把饭吃得顶住嗓子眼儿，唱什么声音就都横着出来了。所以不管是"饱吹"还是"饿唱"，都是职业特点的需要，在运气发声方面是很有科学性的。

不到火候不揭锅

原意是蒸馒头，没到火候或者蒸制的时间不够，是不能够把锅盖揭开的。那样馒头是蒸不熟的，而且提前掀开了锅盖，跑了气，再想蒸熟就困难了。通常指做某件事情，在没有做好之前，或者是时机不成熟的时候，不要对外公布，否则是不会收到好效果的。

不读哪家书，不识哪家字

知识是多种多样的，谁也不是全才。例如：没有学过数学，就不会加减乘除；没学过英语，就不能看懂英文书籍。干工作也是一样，对于从来也没有干过的工作，就不会懂得那一行的技术、标准、要求。做人要谦虚，不能盲目自大，自以为是。

不打勤的不打懒的，单打不长眼的

通俗一点儿说，比如一块去打工，别人一直偷懒，你一直在干，但老板过来了，他们就立马干，而你累了却在歇着，老板看见就会说你偷懒。比喻人没有眼力见，不会见机行事就会吃亏。

不见兔子不撒鹰

这句老话儿是比喻不做没有把握的事情。语出《通俗编·俚语集对》中的"将虾儿钓鳖，见兔子放鹰"。"不见兔子不撒鹰"就是从"见兔放鹰"流传演变而来的。

兔子身体灵巧，动作敏捷，奔跑迅速，而且体色与所处环境相近，易于隐蔽，一般来说比较难以捕捉，但是它有致命的天敌，就是鹰，鹰有独特的视觉系统，目光敏锐、锁定目标后，能够在动态中准确地判断兔子的位置，而且飞行迅猛，只要在高处发现兔子，盘旋飞行锁定后，一个俯冲下来就抓捕到。猎人们利用鹰的这个特性，将其豢养起来，经常在饥饿状态下用鸟类喂食以训练其野性，提高捕猎能力，在没有兔子的时候就让鹰养精蓄锐，当主人外出打猎时就带上鹰，看到兔子后才将手里的鹰放出去，保证捕获兔子。

这句老话儿，比喻没有看到真正的目标，绝不轻易露出自己的底线条件。和"不见真佛不烧香"是同一个意思。

不怕不挣钱，就怕货不全

这是经商者必须遵守，不能变更的信条。很多的人会在生意的巅峰期因为货物品种多，不便于管理或嫌其占用库房空间增加了成本，而挥起大刀一通乱砍滥伐，把利润薄、品种繁杂、销量不大的宝贝列为黑名单的首选，即便是具有纪念意义的开张宝贝，也会毫不留情地砍掉。这就是悲剧的开始，此类商家的光亮度就会降低，顾客平台也会塌陷，东方不亮西方亮的历史也就结束了。无垠的广阔天空，你只取一小块，其他的都被自己屏蔽了，再赶上你留的那片天空正好有云彩遮掩的时候，你就只能享受黑暗的寂寞和无助了。

有很多商品是具有关联性的，也是应客户要求开发上架的。砍掉了这样的商品，其实就是在砍客户，也就等于砍上帝，不遭报应是不可能的，有的也许几个月，长的可能一两年，必定遭遇客户流失，销售额锐减的尴尬局面。这样砍商品的商家，也不可能再开发新产品上架的，破产的大限就会来临。

很简单的道理，一个卖装饰材料的商家如果把钉子这个小物件砍掉，就意味要原来的老客户买完大件之后，还要多跑一个店铺再去买钉子。卖家自己的清闲，是在给买家增添麻烦，这等于是用钉子扎客户的心。如果这个客户的几样商品都需要去别的卖家补充购买，那么这个客户在与其他商家的接触中就可能建立起购销关系，把原来的商家砍掉，这就算是他们不愿意被原来的商家的用钉子等小物件扎心流血的反抗了。

不仅利润薄的商品不能砍，就是微亏的也不能砍。因为商品关联性的影响，买你亏损商品的客户可能会一起买你暴利的商品。只是自己想办法降低成本，努力把亏损商品转亏为赢就可以。这不是件难事，扩大销量，增加采购量就可以降低成本的。

办事不由东，累死也无功

不管做什么，都不要自作主张，一切要听东家的安排，按东家的意思和设想去做，这样才能令东家满意，否则，即使做得再多、再好也是没用的，也不能令东家满意。即使在现实中也是这样，我们在工作中也一定要按照领导的意图和上级的安排、部署去做，否则也会应验了"干活不随东，累死也无功"这句俗语，费力不讨好。

处暑不出头，割了喂老牛

到了处暑节气，谷子如果还不出穗，就没收成的希望了，就像无用的荒草一样，只能割掉喂牛吃了。

处暑找黍，白露割谷

农作物的生长、成熟的时间是和节气相对应的。到了处暑节气，黍子就成熟了；到了白露，谷子就成熟了。粮食成熟了就要收割，否则晒干了，就会爆裂，撒一地，就糟蹋了。

冬不拿镐，夏不拿锨

道理很简单：在干农活儿的时候，冬天地冻，拿镐的当然最累；夏天地松，拿锨的当然活儿多。

打虎亲兄弟，上阵父子兵

比喻在危急或重要时刻，亲情的无穷力量，能够齐心合力，舍命相助。古往今来，使用十分广泛。

打着狼大伙儿吃肉，打不着狼一个人挨咬

意思是，大家要团结合作，才容易把事情干好；如果独自行动，往往会吃亏。

工欲善其事，必先利其器

工匠想要使自己的工作做好，一定要先让工具锋利。比喻要做好一件事，准备工作非常重要。语出孔子《论语·卫灵公》：子贡问为仁。子曰："工欲善其事，必先利其器。居是邦也，事其大夫之贤者，友其士之仁者。"

红花还得绿叶扶

绿叶进行光合作用，给花朵提供开放的养料；绿叶以自己的朴实无华，衬托出了花朵的娇艳。比喻那些不图名利，默默无闻安心工作，为别人服务的人。

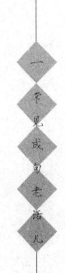

河里无鱼市上取

指此处没有彼处有，近处没有到远处。眼界要开阔一点，事情才容易办好。

和气生财

卖东西的商人，对顾客语言和气，服务态度好，就容易把东西卖出去。与人交往也是同样的道理，语言和气才容易相互沟通，才容易办好事情。

活人不能尿憋死

尿从肾脏分泌，经输尿管注入膀胱，积累至满，随着膀胱充盈程度的加大，膀胱肌肉因胀满而变薄。待充盈至一定程度后（一般成人达 300—500 毫升时），通过神经反射而出现排尿动作——膀胱出口处的括约肌（相当于一个可开可关的阀门）打开，膀胱收缩，把尿"挤"出体外。人们的正常排尿，是对机体泌尿系统的卫生清理作用。而憋尿，医学上称为"强制性尿液滞留"，尿液滞留过久，会对身体造成很多危害。

"活人不能尿憋死"这句老话儿，意思是说人要懂得随机应变，思想开阔，可多想几个办法，克服困难，解决问题。

火烧眉毛顾眼前

火烧眉毛，是说火已烧到眉毛了。与千钧一发、迫在眉睫、燃眉之急同义。比喻在所有应该处理的问题中，这件事最紧急，最重要，非常急迫，必须马上处理。否则将会受到巨大的损失。比喻办事情要分清楚轻重缓急。

老话儿

皇天不负有心人

上天不会辜负有恒心的人，比喻一个人做事情，要克服险阻，百折不挠，坚持不懈，持之以恒，向预定的目标去奋斗、努力，你的目标就一定能成为现实。

鸡多不下蛋，人多盖塌房

比喻众口纷纭，各说各的道理，使人不知道听谁的好，因而无法是从，无法工作。

见好就收

这句老话儿是说，适可而止，不可贪心。常谓没有把握的事，只能侥幸一次，不要再冒险去做。如："这次偶然成功，见好就收吧！以后可别再蛮干了。"

解铃还须系铃人

是谁把铃铛系上的，只有他才知道怎样才能解开。比喻是谁惹出来的麻烦，还得要由谁去解决。

借是人情，不借是本分

指向人借钱物遭到拒绝后，要保持正常心理，不必埋怨。

磨刀不误砍柴工

表面的意思是在刀很钝的情况下，严重影响砍柴的速度与效率，在砍柴前虽然费一些时间来磨刀，并不立即去砍柴，但一旦当刀磨得很快，砍柴的速度与效率会大大提高，砍同样的柴反而用时比钝刀少。比喻要办成一件事，不一定要立即着手，而是先要进行一些筹划、进行可行性论证和步骤安排，做好充分准备，创造有利条件，这样会大大提高办事效率。

卖饭不怕大肚汉

意思是：卖饭的总盼望顾客多吃饭，好多赚钱。指生意人总希望来的顾客多，买的东西多。

漫天要价，就地还钱

"漫天"比喻非常高；要：索取；地：比喻非常低。指商业上的讨价还价，卖方把售价要得很高，买方则把价钱还得很低。

没有金刚钻儿，别揽瓷器活儿

瓷器的硬度很高，在七度左右，修补损坏了的瓷器要打孔，一般的东西硬度都比瓷器要小，打不动，金刚钻儿的硬度比瓷器要高，能够在瓷器上打孔。意思就是，你没有能力就不要做你能力以外的事，就是别逞强。

内行看门道，外行看热闹

"内行"指精通某种技艺之人。"外行"指初学乍练或外行之人。两种人看事物的眼光不一样，行家看里面的技巧，普通人看的是热闹程度。

清明前后种瓜点豆

这是一句农业谚语。当太阳运行到黄经 15 度时，进入清明节气，气温转暖，草木萌动，天气清澈明朗，万物欣欣向荣，正是播种的好时机。

欺山莫欺水

这句话是说比起大山来说，深水更具有危险性。因为哪怕山再高，但是人们仍然可以看清，面对危险也有时间应对，可是在水中不同，咱们看水大多只能看清表面，但是对于深处却是一无所知，不清楚底下是平缓还是激流，而且面对未知的危险，人们无法应对，也来不及应对。

所以比起山来说，人们更害怕未知的海洋！就拿现在来说，人类可以攀登珠穆朗玛峰，但是对于深不可测的大海却是无可奈何。所以这是老人对自己孩子的告诫，因为在农村，孩子们会在夏天洗野澡，每次都是让家人担心，害怕他们遇到危险。同样，这也是人们为人处世的一种方式，告诫人们要谨言慎行，以免犯了他人的忌讳！

人勤地不懒

做人要勤快啊，只有人勤快了，勤于管理自家的田地，地里才不会长草，不会荒废，地里才能长出好庄稼。

杀鸡焉用牛刀

这句老话儿意思是说：宰鸡哪用得上宰牛的刀呢？比喻小题不必大做。也用来比喻某些官僚（或上层领导）不珍惜、不尊重人才，大材小用或学非所用，胡乱使用人才，造成人才的莫大浪费。

世上没有卖后悔药的

意思是说：办错了事情，不好的效果已经造成了，后悔也晚了。所以，看准的事情就要坚持干，不后悔。

守着烙饼挨饿

比喻有现成的好条件却不知道利用，反去受窘迫。不主动想办法解决问题，有好条件，而不知利用。

死马当活马医

这句老话儿比喻明知事情已经无可救药，仍然抱万一希望，积极挽救。也泛指干什么事情做最后的尝试。

土木之工不可擅动

意思是，房子是土木修建的，一般人不要随意更改，一方面会有安全隐患，另一方面格局布置会发生意想不到的变化，比如你为了掏一扇窗，可能会塌了墙。还有一种意思，建造房子要慎重，做好了所有的准备工作之后才可以开工，否则会遇到很多麻烦。

他山之石，可以攻玉

意为别的山上的石头，能够用来琢磨玉器。原比喻别国的贤才可为本国效力。后比喻能帮助自己改正缺点的人或意见。

老话儿

兔子能驾辕，谁买大骡子大马呀？

指的是要量才使用，才能取得好的效果。也就是说要物尽其才，人尽其用。

无本难求利

做任何事情都是需要资本的，没有资本就很难获得利润，没有投入，就没有所得。

剜到篮儿里就是菜

原句是"捡到篮子里就是菜"。意思是说：选物品（或者别的）的时候，不三思不考虑，拿到这个就认定是这个了，没有做出对自身有利的判断。

烟不出，火不进

这句老话儿原意是：用灶烧火，烟不冒出来，火就烧不进去。也用来形容不爽快、不爱说话、性格迟钝的人，如同火炕烟道不通，出不了烟，进不了火。其实这样做也有好处，言语上减少过失，在行为上就能够减少悔恨。这句话也用来指说话做事慎重，因而很少犯错误的人。

医不治己

医生不给自己看病，进而有"医不医亲"，就是自己的亲人自己也不看。因为掺入个人感情就会影响医生对病情的判断和用药。

雨打坟，出贵人

这里所说的"雨"，并不是单单指的下雨的天气，而是包含雨、雪等天气。在农村的老辈人看来，在下葬的时候，如果已经下葬完毕才开始下雨、下雪，雨、雪打新坟，是一种非常吉利的征兆。农民以种地为生，所以雨、雪是非常重要的，于是在人们看来，雨、雪就代表着财气福运，淋在新坟之上，被坟土吸收，就是聚拢财气福运，保佑后代人财两旺，乃大吉之兆！

雨打棺，财人疏

而在人们看来，雨、雪打在棺材上，则是一种非常不吉利的征兆，因为棺材表面涂漆，比较滑，不聚雨、雪，就说明无法聚集财运福运，所以对后代来说是极为不利的。

"雨打坟，出贵人；雨打棺，财人疏"作为出殡时候的一种规矩，是农村人们一直以来都非常遵守的风习。但是在现在来看，这种说法并没有什么科学道理，只是人们对逝者的一种尊重，也是对后代子孙生活的一种期许！

艺高人胆大

它的含义可以有两个方面：一方面是激励人们好好地磨炼技艺，达到出神入化的境界，到那时，就可以毫无畏惧了；另一方面就是要勇于冒险，当有了顶尖的技艺，可以凭借高超的技艺在江湖上行走，就可以无往而不胜了。

夜猫子进宅，无事不来

夜猫子就是猫头鹰，是农村传说已久的报丧鸟。对于农村来说，猫头鹰进到家里代表着家里即将有人过世，所以极其不受人们的欢迎。加之其昼伏夜出，形如鬼魅，且有时会发出一些比较令人惊悚的叫声，所以被人们认作为祸事和死亡的象征。

虽然说猫头鹰代表着死亡的说法是有些迷信的，但是经过咱们农民千百年来的确发现，如果真的有猫头鹰进家的话，的确有大多数的家庭都会发生一些事故。这其中的原因是和猫头鹰的嗅觉是分不开的。猫头鹰嗅觉极其灵敏，能闻出病入膏肓的人的身体散发出的腐朽之味。而且猫头鹰也是食腐的一种鸟类，所以会以为散发出味道的是食物，就会赶来。所以才因此造成了人们对于猫头鹰的误解。

不过现在大多数人对于"猫头鹰代表死亡"的说法已经有了改变，不仅是因为猫头鹰越来越少，还因为猫头鹰是一种益鸟，捕食老鼠，对粮食的保护作用非常大！

种地不上粪，等于瞎胡混

从字面上理解是说，种地如果不提供肥料的话，就会没收成。意思是说，即使你有一块儿地，如果你不付出劳动的话，一样是没收成的，反映了勤劳致富的道理。

终日打雁，却叫雁啄瞎了眼

每天都去打大雁，现在却被大雁把眼啄瞎了，比喻人总有失误，马也有失蹄的时候。常用来指那些过于自信，疏忽大意犯了不该犯的错误之人。

3. 社会交际

社会交往，简称"社交"，是指在一定的历史条件下，人与人之间相互往来，进行物质、精神交流的社会活动。社会公德是全体公民在社会交往和公共生活中必须共同遵循的准则，是社会普遍公认的最基本的行为规范。社会公德水平的高低，直接影响着一个国家的社会秩序、社会风气、社会凝聚力，是一个社会文明程度的外部标志。社会复杂纷繁，在与人交际方面，前人留下了许多有价值的老话儿，供后人借鉴。

病从口入，祸从口出

指病毒常常因饮食不注意而入侵，灾祸往往因说话不谨慎而招致。前半句只是比喻，后半句才是重点。这句话告诉了我们：一个人在说话做事时要注意工作方法，该说的话说，不该说的话不说，说话要讲究一个度。

饱汉子不知饿汉子饥

意思是说吃饱了的人体会不到挨饿人的痛苦，比喻得到舒适条件的人，往往不能设身处地地去为有困难的人着想。例如清代李宝嘉《官场现形记》第四十五回："误了差使，钉子是我碰！你饱人不知饿人饥。"

伴君如伴虎

君王具有至高无上的权力，掌握着生杀大权，所以，陪伴君王就像陪伴老虎一样危险，随时有杀身之祸。指大人物喜怒无常。

不盖房不知祖宗苦，不养儿不知父母恩

盖房是一件很费力的事情，既要找适当的地方，又要准备木料，又要备齐砖瓦，还要找瓦工木工，既操心又费力。自己住的是先人留下来的房子，没有亲自盖过房，是不会体会到盖房子所受的劳苦的。父母把孩子一把屎一把尿拉扯大，是相当不容易的，自己没养过孩子，是体会不到父母把自己抚养大有多么的艰难。意思是说，实践出真知。

多个朋友多条路，多个仇人多堵墙

人在江湖混，个人的力量是渺小的，凡事皆需朋友帮忙。

打人不打脸，说人不揭短

人人都有各自不同的成长经历，都有自己的缺陷、弱点，也许是生理上的，也许是隐藏在内心深处不堪回首的经历，这些都是他们不愿提及的"疮疤"，是他们在社交场合极力隐藏和回避的问题。被击中痛处，对任何人来说都不是一件令人愉快的事。尤其是他人身上的缺陷，千万不能用侮辱性的言语加以攻击。中国人可以吃暗亏，也可以吃明亏，但就是不能吃"没有面子"的亏。无论是什么人，只要你触及了这块伤疤，他都会采取一定的方法进行反击。他们都想获求一种心理上的平衡。

俗话说，"人活一张脸，树活一张皮"，人最重要的就是自己的"面子"，也就是形象和尊严，不容得别人进行破坏，所以在自己与人之间相处，要注

意不能够做出伤害别人形象和尊严的事情，要给别人留面子，否则后果会是很严重的。

当着矬人不说矮话

个子矮是一个人的生理特征，这是无可改变的客观存在。个子矮的人对于这方面不免存在自卑心理，因而在和个子矮的人说话的时候，千万不要提及这方面的内容，以免人家会不高兴，以为你是在故意伤害他。意思是，在与人家交际的时候，不要触及别人的短处，不要去揭别人的疮疤。

恨人有，笑人无

这是一种不正常的心理，别人有而自己没有，他就心生恨意；别人没有他有，他就笑话人家，总之是嫉妒别人比自己过得好。有这种心理的人，如果要改正，首先，要给自己确立一个合适自己目标，找到自己的理想，不断地超越自己，做最好的自己。其次，搞好与身边朋友的关系。时间长了，这个心理会慢慢地消失。

害人之心不可有，防人之心不可无

就是说你不可以心里想着害人，但是你又不能不防着，因为可能有人会害你。这句话出自洪应明的《菜根谭》。

会说的不如会听的

意思是："会听"比"会说"还要重要，"会听"往往会从对方的话语中发现问题，或者是弦外之音，了解了对方真正意图之后，才可以不被表面的假象所蒙蔽，就可以制定相应的对策。只有会听，才能真正会说；只有会听，才能更好地了解对方，促成有效的沟通和交流。

救急不救穷

亲友之间，只能救人一时的急难，而不能救人长时间的穷困。所以自己不能甘居贫困，要立志，要奋斗，要自强，只有这样才能彻底改变贫困的状况。

砍的没有旋的圆

从字面解释是：你要做一个木球，可以用斧子慢慢地去砍，但总不如在旋刀下飞快地一旋，便又光又圆。引申义是：把谎话编造得再圆满，也会有漏洞。总比事实有差距。

看景不如听景

意思是说，听某人讲到某地的景致如何的美，当自己亲自去看了之后，才知道并没有人所说的那样好。这是因为：一是人们传说中的语言经过了加工，有夸大的、增色的，也有虚拟的，甚至还有想象的成分，统统加在一起，形成了一个传说。二是各人看待事物的方法不同，见解和欣赏角度以及距离不同，从而得出的结论不同，传说的内容当然也就不同了。

买卖不成仁义在

仁义：这里指友情、交情。在：存在。整句意思是：买卖双方对于成交价格进行博弈，虽然买卖没有做成，彼此间的感情还存在，不会为这点儿事而伤了和气。

宁得罪君子，不得罪小人

得罪了君子，君子是不会报复你的，即使是报复，也是光明正大的；如果得罪了小人，他肯定会报复你的，他也许会表面上跟你嘻嘻哈哈，并不在乎，但是在背地里使用很卑劣的手段，对你下狠手，所以得罪了小人，是十分可怕的。

宁和明白人打顿架，不和糊涂人说句话

和明白人发生争执，道理可以越辩越清；和糊涂人则是没有道理可讲，因为他糊涂，不懂道理。

穷怕亲戚，富怕贼

意思是说：穷人家来了亲戚，没有好的饭菜进行招待，所以说穷人家怕来亲戚；有钱的人家怕有贼偷，那会遭受很大的损失。

亲是亲，财是财，是亲不过财，过财两不来

人与人之间，最容易引发矛盾的就是钱财，所以亲友之间最好不要产生金钱往来，即使是产生了金钱往来，也要亲兄弟明算账，以求得和谐，避免因钱财矛盾而反目成仇。

人不亲土亲，河不亲水亲

指乡土亲情。同生活在一个地方，因地缘关系而产生感情，出门在外就是老乡，就是亲人，这种感情，如同亲情一般。

咸吃萝卜淡操心

"咸"和"淡"是一对反义词，在这里是两个不同生活习惯人的代表。"咸"代表爱吃咸的人，吃咸萝卜对他而言是一种享受。而"淡"是跟他相反的生活习性的人，不能理解吃咸萝卜的美味，却在那里为"咸"操心。这样一句俗语就很形象地说明爱管闲事的人，很多时候并不了解事实的真相，而是在那里瞎操心，帮倒忙。所以就用这一句俗语来形容不被人喜欢的多管闲事的人。"咸吃萝卜淡操心"和"狗拿耗子多管闲事"意思相近，就是不该管的事瞎管。

人敬人高

意思是说，人与人相处，要与人为善，懂得尊重别人，只有这样，别人才会尊重你。

人情薄如纸

因为纸张一般一戳就破，以其来形容人情冷暖，很形象。盖俗人往往趋炎附势，喜欢锦上添花，难得雪中送炭。

人心隔肚皮

表示人心难测，不知道对方的真实意图是什么。可能表面一个样子，其内心又是另一个样子。

人在人情在

人活着的时候，亲朋好友讲情谊；人死了之后，亲友就不讲情谊了。指

人情淡薄，当你有利用的价值的时候，人都会给你面子，尊重你；当你失去了利用价值，就没有人爱搭理你了。意思是说人情冷暖，世态炎凉。

顺情说好话，耿直讨人嫌

说话要讲究技巧，说话能说出自己的本意，但又要顾及别人的感受。耿直不是不招人喜欢，而是有的时候说出来的话很容易让人不舒服。

熟人不讲理

这句话说的其实并不是实际上的"熟人不讲理"，而是说太熟悉的人之间有时候是不好意思去讲什么大道理的，马马虎虎就算了，谁吃点亏占点便宜都不要太计较，直白一点说就是，熟人之间是不需要讲理的，亲情友情才是最重要的。

听话听声儿，锣鼓听音儿

所谓"听话听声儿"就是说要透过话的表面，去探询说话者的真实用意。所谓话的表面，即指一般措辞、用语、铺垫、描绘和谦逊用语等等。表面现象的下面往往掩盖的是真实意图。只有听出弦外之音来，才能准备适当的对策。

秀才遇见兵，有理说不清

以前古代军人多半没什么文化，是文盲。秀才说话文绉绉的，尽讲些"之、乎、者、也"，脱离群众和实际，当兵的自然听不懂。即使再有理，也说不清楚。这句话也用来比喻有理的人碰到了不讲理的人。

冤家宜解不宜结

有仇恨的双方应该解除旧仇，不要抓住不放，继续结仇。这是一句常用作规劝之辞。

远来是客

意思是说，即使是熟人，只要是远道而来，也要像对待客人一样招待他。

远亲不如近邻

远亲不如近邻，指遇有急难，远道的亲戚就不如近旁的邻居那样能够及时帮助自己。表示邻里之间关系亲，是一句让人感到温暖的常用话。

在家靠父母，出门靠朋友

在家的时候，父母是自己的依靠；出门在外，只有朋友能够帮助自己。朋友是一座沟通心灵的友谊之桥，当你遇到困难、挫折、迷茫时，它是一副可以依靠、可以伏着哭泣的肩膀。

4. 生活经验

生活指为生存发展而进行各种活动，也是人类这种生命的所有的日常活动和经历的总和。广义上指人的各种活动，包括日常生活行动、工作、休闲、社交等职业生活、个人生活、家庭生活和社会生活。人们在这方面有成功的经验，也有失败的教训，留下来了许多老话儿，以告诫后人。

按下葫芦起来瓢

以前，人们在没有掌握金属舀水的器具之前，成熟的葫芦主要用来切开来舀水，叫做水瓢。水瓢和葫芦都可以漂浮在水上。"按下葫芦起来瓢"的意思是，把葫芦按下了，水瓢浮起来了。形容手忙脚乱，做事情顾了这头儿就顾不了那头儿。形容在遇到问题的时候，由于事先没有做好充分的准备，致使问题不断地出现，事情无法得到圆满解决。

挨着勤的没懒的；挨着馋的没攒的

这句话的意思是说，环境对人有着很大的影响，跟着什么人学什么人，近朱者赤，近墨者黑，"跟着巫婆会跳神儿"。

不打不相识

意思是双方不打一场不会相识。表示经过交手较量，互相了解，更加投合。语出自明·施耐庵《水浒传》第三十八回。李逵去江边买鱼，与渔夫张顺产生矛盾，二人打了起来，戴宗赶来，一见双方都是自己的朋友，随即叫停二人，二人相认。"戴宗道：'你两个今番却做个至交的弟兄。常言道：不打不成相识。'"

饱带干粮热带衣

这是说人在出门远行的时候，要防备突然的变化和不时之需，做好应急的准备。也就是说"人无远虑必有近忧"。寓意是在做一件事情之前，要做好充分的准备，特别是物质方面的。

不到黄河心不死

这句老话儿是比喻不达目的不罢休。也比喻不到绝望的境地不死心。

不当家，不知柴米贵；不养儿，不知父母恩
不摸锅底手不黑，不拿油瓶手不腻
不挑担子不知重，不走长路不知远

这几句老话儿，表达的是同一个意思，实践出真知。比喻不亲身体验一下某种事情，就不会得到真实的感受，也就不会知道其中的酸甜苦辣。"没有实践，就没有发言权"。

不看家中宝，只看门前草

这句话的意思是看待别人家的情况时不要关心别人家里有多少钱，多少

宝贝；要在意的是别人家的门前是不是杂草丛生！老祖先说这句话的意思是告诫我们：一个人家门口的杂草都不清理干净就说明这个人非常懒惰，就算家里再有钱也有花完的时候，可一个人只要勤奋努力，踏实肯干，就算当下经济状况不好，但是只要肯干，未来也不会差到哪里去！其实这句话表达的意思在现在的社会来说非常的有道理，仔细想想我们身边不乏这种情况！

别看衣服破，肚里有好货

这句话的意思是说，看事情不能只看外表，外表往往只是一种假象，掩盖着真正的重要东西。秦朝末年，韩信穷困潦倒，乞食漂母，但是他精通兵书战策，是一个能够率领千军万马行军打仗的帅才。这句话也用于说某个不修边幅，但是有真才实学的人。

拔了毛的凤凰不如鸡

凤凰，百鸟之王，众鸟之后，在鸟中都极具威信，它们在鸟的王国中快乐地生活着。每天，它们喝着甘甜的露水，吃着其他鸟儿送来的山珍海味，穿金戴银，每一次出门都前呼后拥，出尽风头。

凤凰是鸟中之王，自然看不上土里土气的鸡。可天不遂人愿，一只凤凰在出游时穿过一片树林时，被树枝挂住，它挣扎着，全身的羽毛像雨点一样落下，出了树林之后，这只凤凰像一只被拔了毛的鸡，毫无漂亮可言，在鸟的王国中，没了漂亮的羽毛也就没了威信和地位，在它身边拍马屁的鸟儿争先恐后地飞走了，好像谁也不认识它一样。凤凰非常生气，便独自来到鸡窝旁，想羞辱一下鸡的容貌出口气，可突然它发现自己已被鸡团团围住，鸡群对它拳打脚踢，冷嘲热讽，直到这只倒霉的凤凰死去，鸡群才散去。

后来，人们就用"拔了毛的凤凰不如鸡"这句俗语来比喻一个身份高贵和地位显赫的人，如果蒙难，那他的身份和地位便会远远低于普通人。

别拿窝头不当干粮

意思是说，别拿小事儿不当事儿，小事儿往往能够起到重要作用。别拿职位低的人不当一回事，他们往往能够起到决定性的作用。

笨鸟先飞

意思是飞得慢的鸟先行动。比喻做事慢、能力差的人，怕落后，就比别人先走一步，提前动手工作，以勤补拙。这句话多用作谦辞。语出自元·关汉卿《陈母教子》第一折："二哥，你得了官也。我和你有个比喻，我似那灵禽在后，你这等坌（笨）鸟先飞。"

不怕不识货，就怕货比货

孤立的一件事物，难以辨别好坏或是质量高低，只有经过比较，才能够区分出来优劣。对于人而言的解释就是：不用害怕不懂得货物的好坏，只要把每家的货物比一比就知道优劣了。对于货物来讲：不好的货物想装成好的货是没用的，货与货一比就会显露出哪个好哪个不好。通常形容没有才学的人，装作很有才学，可是与真正有才学的人一比较，就暴露无遗了。

不怕贼偷，就怕贼惦记

被偷了，损失已经造成，也就是人们常说的"事情到此为止了"，惊恐可以用时间来慢慢消化以致淡忘它。

怕贼惦记，就是说心里已经直觉到贼要光顾，却不知道他是谁？什么时候来？会偷什么东西？一连串的疑窦无法弄清，让人不知所措！这种无形的伤害远远大于东西被偷。

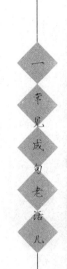

帮腔上不了台

某些戏剧里面，采取一人主唱，其他人帮腔的表演形式，例如川剧就是一人演唱，其他人在后台帮腔，而不到台前来。比喻从旁帮腔，从旁助势，怂恿别人去做事的人，自己只能够处于仆从、辅助的作用，而不能成为事情的主要执行者，上不得台面。

不是冤家不聚头

冤家即是仇人；聚头是聚会的意思。不是前世结下的冤孽，今世就不会聚在一起。形容仇人或不愿意相见的人偏偏相逢，无可回避。这句话有时也用来形容经常吵架的夫妻。

语出自元·郑廷玉《楚昭公》第二折："你每做的来不周，结下了父兄仇，抵多少不是冤家不聚头，今日在杀场上面争驰骤。"

编戏的是骗子，唱戏的是疯子，看戏的是傻子

"编戏的是骗子"，是说编戏的人写出来的剧本，故事都是假的。"唱戏的是疯子"指的是舞台上的演员一会儿笑一会儿哭的，就像疯子似的。"看戏的是傻子"指的是观众明明知道舞台上演出的故事都是编的，也就是说是假的，可是还是会随着戏里人物的悲欢离合的命运而喜怒哀乐，就像个傻子一样。

这句话虽然有夸张的成分，但是却一针见血地刻画出演员的认真卖力和观众的沉醉痴迷。这些说法，说到底还是把自己的真实情感投入进去了，完全活在自己臆想的空间里了，自然也就会疯、会傻、会痴。

不撞南墙不回头

比喻某人的行为固执，听不进不同意见。与"一条道儿走到黑"，与

"不到黄河心不死"有相同意思。

南墙指影壁墙。我国的建筑物大门一般都是朝南开的，旧时代有地位、有势力的人家大门外都有影壁墙，所以出了门就要向左或右行，直着走肯定撞南墙。

包子有肉不在褶上

字面意思：包子内的馅有没有肉，好不好吃，不能光看包子外边的褶，褶多并不代表包子一定好吃。这句话一般被引申为：不能用一个人或一件事的外表现象去代表本质。往往外表好的人或东西是华而不实的。比喻对一件事物，不能只看外表，还要看实质。外表是会迷惑人的，外表之下隐藏的是真相。形容那些不显山不露水的人，也用来告诉那些爱出风头的人，大可不必在人面前锋芒毕露。

矬老婆高声

指说话嗓门大、喜欢大声说话且个儿不高的女人，略含贬义。

苍蝇不叮无缝的蛋

鸡蛋裂缝之后，很容易就会坏掉，产生异味，而产生这种异味的东西却是苍蝇的食粮，所以苍蝇就会被招引过来。这句话说的意思是：没有平白无故出现的事情，任何的事情都是有原因的。这句话是贬义的。

春不捡鸡，腊不捡兔

"春不捡鸡"说的是，虽说到了春天温度应该有所上升，但春天的温度反复无常，冷空气和热空气经常性的"来回往来"，更是很多疾病的高发期，如感冒，呼吸道感染，混合感染等等，导致鸡的死亡量高，老话也常说"家禽万贯，带毛的不算"，而这些鸡一旦得病就会大批量的死亡，农户会无奈地把这些死鸡扔了，而扔的这些鸡千万不要去捡，因为都是因病而死，身体里有大量的病菌，吃了之后会对人造成生命上的危险。至于兔子，由于冬天由于不能喝生水，夏天还好而到了腊月一喝生水也是容易得病。而在农村也常说"春鸡腊兔"，说的是春天的鸡和腊月的兔好吃，但指的是健康的鸡和兔。

吃不穷，穿不穷，算计不到就受穷

这里的"吃"和"穿"指消费，"算计"指家庭收支计划，也就是理财。意思是说，居家过日子要有计划，量入为出，量力而行。

茶吃后来酽

这句老话儿意思是说：越靠后，越能获益，抢在前头的，未必有好处。

吃葱，吃蒜，不吃姜（将）

这句老话儿的意思是说，葱蒜和姜都是辛辣的食物，并且也都有某种药效；但葱蒜食用后都会留有强烈的臭味，这是很多人不愿尝试的。不过在北方对生葱生蒜却有偏嗜，像吃北京烤鸭如果没有葱白佐食，必然会有"不是味道"的感觉。"小葱拌豆腐"更是缺葱不可。而姜这种东西含有较重的药味，没有葱蒜那样受人欢迎。再者北方人少食鱼鲜，用姜的机会就少多了。

这话却还有别的意义，语句中的姜字谐音为"将"。"将"是设词激怒，即策略地动员手段。意为坚定不移，不因别人的言语刺激而动摇。不愿做的事，坚决不做。表示拒绝怂恿、煽惑和激将，"一切碍难从命"！

老话儿

车到山前必有路

一条路走不通，还可以走另一条路；不把自己局限于某一个目标。比喻虽然有困难，但是到一定的时候总会有解决的办法。下一句通常是"船到桥头自然直"，既表达了处于困境时的宽慰，也表现了对未知事物的坦然面对的一种心境。

常将有日思无日，莫待无时思有时

语出自《名贤集》，意思是说：在过富有的生活的时候，要想到以后可能会过贫穷的日子，不要到了一无所有的时候再来回想以前的美好生活。在物质丰富时要考虑到缺乏的日子，不要到了缺乏时才后悔。意为应注意节约，不要浪费。

城门失火，殃及池鱼

这句老话儿意思是说：城门着了火，人们用护城河里的水救火，水干了，鱼受连累而死。比喻无辜受连累。语出自《全北齐文·为东魏檄梁文》：但恐楚国亡猿，祸延林木；城门失火，殃及池鱼。

船破有帮，家破有底

船破了，船帮还在；家破了，还有老底子。比喻事情没做好，虽然失败了，但是还有继续生存下去的本钱，还有取得成功的希望。

吃人家的嘴软，拿人家的手短

你得了别人的好处，就欠了别人的一个人情。

撑死胆大的，饿死胆小的

做什么事情都有风险，高风险高回报；如果胆子小，前怕狼后怕虎，那就什么事情也干不成了。当然，胆大也不是蛮干，一定要合理合法。

出头儿的椽子先烂

椽子是蓬起房子顶部的木制材料，上面有泥、瓦等苫盖屋顶。房檐下的椽子如果露出了头儿，就容易受到风雨和日晒，这根椽子就会最先腐烂掉。比喻人不可强出头，"木秀于林风必摧之"，枪打出头鸟，容易受到伤害。

丑媳妇早晚要见公婆

就是再丑的媳妇，到了最后，也还是要见公公婆婆的，再躲藏也没有用。引申为再不好的事情，最终也会拿出来的，是藏不住的。

穿衣吃饭亮家当

这句话的意思是说：通过人的穿衣吃饭，可以知道这个人的家庭经济状况。

尺有所短，寸有所长

尺虽比寸长，但也会有它的短处；寸虽比尺短，但也有它的长处。这句话是说任何人都各有长处，也各有所短。我们要善于取人之长，补己之短。语出自《楚辞·卜居》："夫尺有所短，寸有所长，物有所不足，智有所不明，数有所不逮，神有所不通。"《史记·白起王翦列传论》："鄙语二：'尺有所短，寸有所长。'白起料敌合变，出奇无穷，声震天下，然不能救患于应侯。"

成也萧何，败也萧何

萧何：汉高祖刘邦的丞相。成事由于萧何，败事也由于萧何。比喻事情的成功和失败都是由这一个人造成的。宋·洪迈《容斋续笔·萧何绐韩信》："信之为大将军，实萧何所荐，今其死也，又出其谋。故俚语有'成也萧何，败也萧何'之语。"意思是说，由于萧何的推荐，韩信当上了大将军，领兵打败了项羽，使刘邦建立汉朝；汉政权稳固了之后，萧何又协助吕后把韩信杀了。韩信的成败，都因萧何一人之故。

此处不留爷，自有留爷处

意思是说：你这里不需要我，我也没有必要赖在这里，自有需要我的地方，我可以到别处去发展。

从南京到北京，买的没有卖的精

卖家赚钱大体有几种方式：一是提高卖价。卖价半明半暗，忽明忽暗，虚虚实实。卖家通常会看人下菜碟儿，这就要看其与买家讨价还价的技巧了；二是压低进价、降低成本。成本是暗的，只有老板自己心里最清楚。这里面的道道就多了，比如卖价不变，减少分量：三是变换各种花样儿进行虚假宣传，忽悠消费者。有的顾客自以为是占了便宜，其实还是上当了。各地的商人赚钱的目的是一样的，谁也不会做赔本儿的买卖。

冻不死的葱，饿不死的僧

大葱是一种冬眠植物，冬季停止生长，因而不怕冻；和尚受四方供养，从来就不愁吃喝，终日安享太平。

冬不坐石头，夏不坐木

冬不坐石头：这句话是说在冬天的时候不能坐在石头上。这是因为石头有着非常好的聚温性和传热性。虽然在太阳的照射下，吸收了大量的热量，可实际上温度并没有人体温度高。人一旦坐上去，石头就会吸收人体温度，将寒气导入人体。寒气入体，会导致新陈代谢失调，尤其容易伤及肾脏，对身体健康影响很大！

夏不坐木：大家都知道夏日多雨。所以木头在淋雨之后受潮，含有大量的水分，虽然表面一层看上去是比较干燥，可实际上经过太阳一晒，内里的潮气就会蒸发出来，如果坐在上面，潮气就会进入体内。时间长了会引发一些关节疾病和皮肤疾病，还会对脾胃功能有所影响！

所以关于"冬不坐石头，夏不坐木"这句话，说的可是非常的有道理的，这是老百姓千辛万苦总结出来的生活经验，值得大家牢记学习！

老话儿

店大欺客，客大欺店

这句话的本意是：比如客店大了以后，他不缺客人，所以对顾客态度不好，这个顾客得罪了以后不来没关系，这里客人多的是。广义上泛指什么东西多了，他就不愁什么。比如很有钱，一两个小钱儿就不会放在心上。如果有一位高调的官员光顾此店，那么你还敢服务态度不好吗？一定会小心伺候着，这就叫做"客大欺店"。

东方不亮西方亮，黑了南方有北方

比喻这里行不通，别的地方尚有回旋余地。

当局者迷，旁观者清

这句老话儿意思是下棋的人往往容易迷惑，而观棋的人往往能看清棋路。比喻当事人因为利害得失考虑过多而陷入主观、片面、难免糊涂，反而不及旁观者看得全面清楚。

语出唐代《旧唐书·元行冲传》：当局者为，傍观见审。"就像下棋一样，局中人反而迷惑，旁观者倒看得清楚。"

打骡子马惊

马和骡是同一类的动物，骡子被打，马担心会打到它身上，所以害怕。形容与自己情况相似的人受罚，自己也害怕了。这句话与"杀鸡给猴子看"意思差不多。

多年大道走成河，多年的媳妇熬成婆

那些自然走出来的土路，会越走地势越低，若干年后，在适当的情况下，就可能变成河道。女人出嫁以后，去给别人家做媳妇。既要服侍婆婆，又要照顾孩子，还要干家务，十分辛苦。若干年之后，自己的孩子长大了，娶了媳妇，自己就变成了由媳妇伺候的婆婆了。这句话的寓意是：时间可以改变一切。后半句为封建思想的代际传递。

大树底下好乘凉

这是因为大树的蒸腾作用比较明显的缘故。陆生植物在进行光合呼吸的过程中，以伸展在空中的枝叶与周围环境发生气体交换，然而随之而来的是大量地丢失水分。因为水的汽化热高，在蒸腾过程中可以散失掉大量的辐射热，能降低植物体的温度，使它本身的表面温度低于环境温度，就不会有很

多热量辐射散发到周围的空气中。另外，大树产生的阴影本身也抵挡了阳光红外线带来的温度。这样，在大树荫下的温度确实要比一般建筑物阴影下的温度更低。所以说大树底下好乘凉是有道理的。

这句话用来比喻有较强的势力作为依靠，自己办事就可以方便一些，从而得到一定的利益，是当代社会的弊病。

有啥别有病，没啥别没钱

疾病损害人的健康，危及人的生命，是任何人都不想得到的，金钱是维持生活必须具备的物质保证，没有钱就无法生活，这是一句北京人经常说的老话儿，也是一句大实话。

大鱼吃小鱼儿，小鱼儿吃虾米，虾米吃滋泥儿

比喻以大欺小，一级压一级。其实这也是自然界的生物链。

打油的钱不能买盐

意思是不要随便变更计划，钱要专款专用。

饿了吃糠甜如蜜，饱了吃蜜也不甜

人在饥饿的时候，感觉最次的食物也美味；人在吃饱了之后，再好的东西，也不想吃了。比喻人在需要帮助的时候，对于一点儿微小的帮助都会感到莫大的幸福；但是在不需要帮助的时候，再大的帮助也是多余的。

恶人自有恶人磨

凶恶成性的人自然会有更凶恶的人使他吃尽苦头。即恶有恶报。出处：明·周楫《西湖二集·周城隍辨冤断案》："近奸近杀古无讹，恶人自有恶人磨。"

耳听为虚，眼见为实

形容不要轻信传闻，听来的传闻通常是靠不住的，自己亲眼看到才算是真实的，因为亲眼看见的比听说的要真实可靠。

儿子好不如儿媳妇好，闺女好不如姑爷好

儿媳妇、姑爷都是外来人，他们如果孝顺自己，那么亲生的儿子、女儿就更孝顺了。如果他们不孝顺自己，那么儿子、女儿对自己的孝顺也会减少。

发昏当不了死

昏过去早晚还是要醒过来的。比喻出现了问题，逃避不是办法，迟早是需要面对的。意思是面对问题，干着急没用，还得尽快想办法解决。这是一句劝导人的话，如："事情已经出来了，发昏当不了死，您还得想想办法才好。"

凡人不可貌相，海水不可斗量

这句老话儿，是说凭外貌看人是看不准的，就像不能够用斗量海水有多少的道理是一样的。

此语出自《淮南子·泰族训》："江海不可斗量也。"元杂剧《小尉迟认

父归朝》有载："凡人不可貌相，海水不可斗量。"

胳膊拗不过大腿

大腿比胳膊粗壮，有力气。比喻弱者较量不过强者，较量的结果是，地位势力低弱者最终还是要服从高而强者。

官儿不打送礼的

从字面上看，似乎明白易懂。其实，颇耐人寻味。贪官并不是天生的，他们的蜕变大都有个逐渐演变的过程。绝大多数人一开始是勤政廉洁的，后来，由于理想信念不够坚定，没能抵御住诱惑，逐渐下水，逐渐变黑。事实证明，对送礼人采取何种态度，结果大不一样。你若磨不开情面，他总感到有机可乘，你不收下礼物，他不罢休；你一旦收下，有了第一次，便难免接受第二次，于是，受贿的口子便逐渐扩大开来。以后人家开口请托，你吃了人家的自然"口软"，拿了人家的自然"手短"，违法之事便容易做出。接下来，"东窗事发""身陷囹圄"，便是事物的自然发展结局。

光看见贼吃肉，看不见贼挨打

贼偷到钱财，就有钱吃肉，尽情享受；一旦失手，就会挨一顿暴打。然而人们只看到了他吃肉的时候，却看不到他挨打的时候。比喻当一个人光鲜亮丽地活在世上的时候，他的背后一定付出了很多常人想象不到的艰辛。

隔墙有耳

两人或几人在室内商议或讨论事情声音偏大时，常有人会议手势或言语提醒："小声点，隔墙有耳！"以防有人偷听或秘密无意泄露。

"隔墙有耳"源于"隔墙须有耳，窗外岂无人"。本《管子·君臣下》曰："墙有耳，伏寇在侧。墙有耳者，微谋外泄之谓也。"元曲《举案齐眉（第二折）》中有："隔墙须有耳，窗外岂无人。这小贱人无理，瞒着老夫，引着梅香去书房中有梁鸿了。"《水浒传》《警世恒言》《三侠五义》《孽梅花》等书中均有这类词语。而《聊斋志异·胭脂》中有"隔窗有耳"之说，但意思是一样的。

贵人多忘事

高贵者往往善忘。原指高官态度傲慢，不念旧交，后用于讽刺人健忘。也表示对对方尊敬的一种说法。贵人按照现在的话来说就是事情比较多的人，所以对于一些小事或者是不重要的事情容易忽视。

贵人语话迟

"贵人"指领导、有身份的人，这种人说出话来具有一定的影响力，所以不轻易说话。在说话的时候你也要反复思考字斟句酌，不能像普通人那样心直口快，更不能信口开河，口无遮拦，所以才说：贵人语话迟。

隔山买老牛

比喻人办事冒失，没有弄清情况，就轻易地下决定。

官升脾气涨

比喻人的职位越高，权力越大，脾气也就越大。甚至某些人会自以为是，看不起下层的人，认为他们知识贫乏，什么也不懂，所以会经常对他们发脾气。

国有国法，家有家规

没有规矩不成方圆，所以说：一个国家有国法，一个家庭也有自己的准则，不能背离这个准则，否则就乱了，国不成国，家不成家。

狗仗人势

一条狗在没有主人在的情况下，不敢对别人龇牙；但是它的主人在的时候，它就开始嚣张了。比喻坏人依靠某种势力欺侮人或物。这是一句骂人的话，常见于口语，多用于谴责或揭露。

跟着巫婆会跳神儿

和"近朱者赤，近墨者黑"是一个意思，是说环境对人的成长有着很大的影响。就好像是整天跟着一个跳神儿的巫婆，耳濡目染，就会自然而然地学到她的一些东西。

狗嘴里吐不出象牙

比喻坏人的嘴里说不出好话。以狗喻人，就明显带有贬义，又把人说话喻为狗吐牙，就更加带有蔑视的意味，所以这句话带有贬义。

话不赶话，打不起架

人与人打架，大多是从争吵而起。在争吵的时候，由于情绪激动，难免就会说出一些出格儿的话，使矛盾更加激化，你强硬，我比你还要强硬，这样可能会动起手来。如果双方都不示强，也就打不起来了。

虎父无犬子

老虎的"儿子"还是老虎，比喻出色的父亲不会生出一般的孩子。用于夸奖别人的子辈。

好汉出在嘴上，好马出在腿上

意思是说：马跑得快，全靠腿上有力；语言是传达信息的工具，人可以通过语言表达出自己的真知灼见。意思是说语言表达能力是非常重要的。

好汉子怕调过儿

意思是说人在做事之前，要懂得换位思考，想一想自己是否妨碍了别人的利益，或者会给别人造成损失，正所谓是：己所不欲，勿施于人。

好借好还，再借不难

借了别人的东西，使用的时候不要有所损坏，用完了之后要及时地归还。如果下次再向人家借东西的时候，人家还愿意借给你。如果你借了人家的东西不及时归还，或者是把东西损坏了，下次人家就不愿意借给你了。

好了疮疤忘了疼

意思是说，疮痕愈合以后就忘记了伤病时的疼痛。有人患了疮疖，流脓淌血，疼痛难忍，后来经过悉心诊治才逐渐好转，但在痊愈之时，也留下疤痕。有的人因为这次疾病，精神与肉体都受到折磨，而能以"疤"为戒吸取教训。了解病因之后能注意预防，使老病不再重犯。与此相反，有的人虽然有病受到很大的痛苦，伤好疤痕犹在，却不以为戒，结果再度感染，又

呻吟于床褥之间，这时才开始后悔自己的麻痹大意。人们经常用"好了疮疤忘了疼"这句话来比喻某些人情况好转后，就忘了过去的困难或失败的教训。

虎落平阳被犬欺

平阳：地势平坦明亮的地方。老虎离开深山，落到平地里受困。老虎是猫科动物，独居，爆发力出色，而耐力相对较弱。所以老虎的生存环境是山林，这样便于隐蔽自己，对猎物发动突然袭击。而以犬、狼、鬣狗等为代表的犬科动物，群居，耐力出色而爆发力相对较弱。所以它们的生存环境是在平原，便于对猎物进行围捕和长距离追击。所以，一旦老虎到了平原地区，没有了丛林的掩护，它自身的爆发力和突击优势就不复存在，只能被"犬"欺了。

这句话比喻原来一个很有优势的人，失去了优势，或是失去了相应的条件，自己的优势发挥不出来的时候，还不如一个普通人呢，这种人经常会受到别人的奚落，有一种"英雄气短"的感觉。

河里淹死会水的

比喻越是有本领的人，越容易因疏忽大意而遭到失败。因而人要谦虚谨慎，以避免受到不必要的损失。

好马不吃回头草

好马不吃回头草是因为后面的好草都吃完了，留下来的都是口味不怎么样的草了。而前面还有很多草，它不需要回头吃。比喻有志向的人，不走回头路，而是去寻找更广阔的空间。

花钱买罪受

这句老话儿是嘲讽事前虽然付出了代价，但是结果却与预期的相距甚远，或者所得令人扫兴，甚至是痛苦的。如："都说这儿风景好，其实也一般，道路还这么难走，咳，真是花钱买罪受哇！"

话是开心的钥匙

话语可以讲明道理，开人心智，解除别人谜团，解除烦恼，指明出路。比喻语言的重要性。

和尚无儿孝子多

是说和尚出家修行，不结婚，没有亲生儿子，但是徒弟徒孙很多，这些人都会按照佛陀的教诲，尊师重道，对师父和尚的尊敬供养程度等于世间的孝子甚至超过。另外一种对"孝子"的解释，是指在家信佛的居士，信佛居士很多，对于和尚常做供养，尊敬奉事，好像世间的孝子一样。比喻一个人学问高深，品德高尚，就会受到别人尊重和生活上的照顾。

会咬人的狗不会叫，会叫的狗不咬人

远远见人就叫的狗，一般都不咬人，咬人的都喜欢玩偷袭。这句话也形容生活中一些阴险的小人。

活着不孝，死了瞎胡闹

老人活着的时候，儿女不孝顺；老人死了之后，却大办丧事，那就是瞎胡闹。

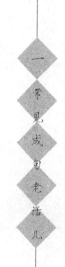

孩子不生假病

小孩子十分单纯，是不会装病的。

机不可失，时不再来

指时机难得，必需抓紧，不可错过。

酒不醉人人自醉

指人在喝酒的时候，往往因为看到一些美好的东西，或者想起一些美好的事情，而想入非非，自我陶醉。

家丑不可外扬

语出宋·释普济《五灯会元》："僧问：'化城鉴如何是各尚家风？'曰：'不欲说。'曰：'为甚如此？'曰：'家丑不外扬。'"指家庭内部不体面的事情，不要向外人宣扬，那样会被别人笑话，降低自家的声誉。

鸡多不下蛋，人多盖塌房

比喻多人合作干一件事，每个人有每个人的主意，其说不一，大家无所适从，这样是干不好事情的。要想把事情干好，那就要既有民主，还要有集中。只有大家齐心合力，才能把事情办好。

叫唤的鸟儿没肥的

意思是说，夸夸其谈的人，不一定就有真本事。看一个人，不能只听其言，更重要的是观其行。

酒后吐真言

酒后吐真言，发生在饮酒者的亢奋期，即急性乙醇中毒的兴奋期。

1. 轻度兴奋时，其吐的真言是故意数落、谩骂、攻击平常敢怒不敢言的人或事。此时，其人对自己的言行是基本知晓的；

2. 中级重度兴奋时，其吐的才是真实意义上的真言，平常其控制、隐藏在内心不说的真话。此时，其人已完全失去大脑的理性控制，一吐为快，毫无掩饰，酒醒后对酒醉时的言行也是毫不知晓的。

总之，酒后吐真言是因为急性乙醇中毒麻醉大皮层中枢所致，轻度兴奋时吐的是"假"真言；中及重度兴奋时吐的才是"真"真言，也就是心里话。

就坡儿下驴

骑在驴子上，因为驴子比较高，下驴容易摔倒，所以最好先找个陡坡，让驴子停在低处，人从驴子上下到坡的高处，这样比较容易下，还不至于摔跤。常指找个借口下台，不至于难堪。例如在争吵、争斗中，经人劝解，借机会不再吵闹。

近水楼台先得月，向阳花木易为春

这句话的意思是：靠近水边的楼台因为没有树木的遮挡，能先看到月亮的投影；而迎着阳光的花木，光照自然好得多，所以发芽就早，最容易形成春天的景象。

这句话看似咏楼台亭榭、花草树木，实则暗喻：好处都被别人占了，而自己却得不到恩泽。也比喻由于接近某些人或事物，而抢先得到某种利益或便利。

江山易改，禀性难移

禀性：天性，本性（心理学中指性格）。人的本性的改变，比江山的变迁还要难。形容人的本性难以改变。

井越淘，水越清；事越摆，理越明

水井用久了，井里就会产生淤泥，水质变脏，出水量也会变小，这时候就需要把井淘一淘。在井里搭上架子，淘井工人顺架子下去，用篮子类的工具把淤泥淘上来。架子上有类似滑轮的一种装置，在井底的工人把篮子装满以后在井里敲一下锣，井上的工人就把篮子拉上来，经过淘洗的井，水质就会变清了。事情越是讲得清楚，道理也就越显而易见。

久病床前无孝子

意思是老人（父母）病重卧床时间太久，再孝顺再好的子女都有厌烦抱怨的时候，严重时，甚至连人影都看不到了。

酒壮怂人胆

酒喝多了，酒精麻痹了大脑神经，容易使人失去理性的束缚，在这种状态下，人总才会露出最本真的一面。有时也会做出一些令人出乎意料的事情，这些在老实人当中更为明显。

砍柴砍小头儿，问路问老头儿

砍柴是为了烧火，不是为了盖房子要木料，所以，砍小头儿（小树枝），一来方便、快捷，二来回去以后晒干比较快，三来使用时比较方便，四来留

老话儿

得大树在，不怕没柴烧。问路时，希望对方能听明白自己的意思，同时也希望对方能详细地指引。对于年轻人来说，一般比较毛躁，可能还没有听完你说什么就匆匆回答，容易出现误会，另外，年轻人相对来说知道的较少，不会使自己得到满意的答复，所以，问路要问年纪比较大的长者。

宽打窄用

做预算的时候，打算得宽裕一些，用起来节省一些。比喻做计划要留有余地。

开水不响，响水不开

水中溶有大量的空气，空气在水中的溶解度随温度的升高而降低，在加热过程中，这些空气便会析出，以气泡的形式上升，开始是沿器壁上升的。水快开时，气泡越积越大，但由于水的对流还不是那么强烈，上面的温度低于下面的温度，所以气泡上升时泡内气压减小，由于外界大气压的作用，在上升的过程中气泡体积会逐渐减小，这样大量的气泡在上升时与水发生剧烈的碰撞，向水传递能量，使水剧烈振动而发出很大的响声，这个声音实际上就是水对流发出的声音。所以"响水不开"。

水开了之后，水的对流基本完成，上下水的温度也一致了，水中溶解的空气也不多了，此时，水就会大量汽化，产生大量的水蒸气，以气泡的形式上升，上升时受水的压强变小，气泡会变大，浮力也会变大，所以气泡会加速上升，直到水面时这些气泡破裂开来，里面的水蒸气就会散发到空气中。这时水的对流已停止，所以气泡对水的振动也减弱，几乎听不到水中的嗡嗡对流声了，而只能听到气泡到达水面的破裂声。这就是"开水不响"。

老话说："开水不响，响水不开"，这是形容有丰富知识的人不喜欢表现自己，而没有什么知识的人却极喜欢夸夸其谈，表现自己。夸夸其谈的人不

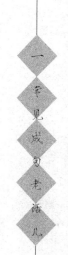

一 常 见 成 可 老 话 八

一定有真本事，不说话的人有可能是深藏不露。

快兴老婆没裤子穿

此话多出于性格豪爽、出手大方、乐于助人之口，热心肠儿，什么都舍得给人，轮到自己用时，没了，一句"快兴老婆没裤子穿"就过去了。

客走主人安

客人在的时候，主人要进行招待；客人走了，主人就可以休息了，安静了，安寝了。此话一般是客人对主人的礼貌用语，不适宜主人对客人使用，如果主人对客人使用，就等于是下逐客令，那就是不礼貌了。

萝卜不大，长在背（辈分）上了

表面上是说萝卜地里的一个小萝卜，长在背（田埂）上，就比那些大萝卜显得还要高，还要大，比喻人小辈分大。一个同家族人世代居住的村庄，经常会出现某人和你同龄甚至比你小，但是排起辈分来，却应该称呼他为叔叔甚至爷爷，这在农村是很普遍的事情。

萝卜快了不洗泥

"萝卜快了不洗泥"中的"快了"，是指在市场上某种商品卖得快，卖得多，货物供不应求。平时要把萝卜上的泥土洗干净，打扮一番，让买的人看着好看，愿意买。现在卖得快了，就是不洗泥也有人买。整个词语的意思是：东西缺少，商家看东西好卖，就不考虑外观形象和内在质量了。比喻按照通常的规律，发展的速度快了，必然影响质量。

来得早不如来得巧

意思是说做一件事情，并不是准备工作做得越早就越好，时机很重要。

老虎还有打盹儿的时候

意思是：再有本事的人也有粗心的时候，就是告诫自己，在某些方面尽管已经很小心了，但是一不留神还是会犯错的。另一种意思是：人没有不犯错误的，不必太在意，就是老虎还有打盹儿的时候呢。这句话经常用在劝解人的时候。

来说是非者，就是是非人

谁是是非人？说是非的那个，就是是非人。他要不是个是非人，怎么会见到是非呢？这句话的意思是说：对于传闲话的人，要保持距离，明辨是非，不受怂恿。

老小孩儿，小小孩儿

这是一种符合正常人的自然生理、心理规律的现象。通常我们把未成年或刚成年人称为"小孩"；把年过半百、年过花甲的人称为"老人"，这主要是相对于生理年龄特征而言。

而对那些言行举止天真无邪、活泼好奇、思维幼稚、"童言无忌"的儿童昵称为"小小孩"。表达出对这类儿童与同龄儿童在心智上"好奇爱问"的偏爱。

同样，对那些言行举止、生活习性、思维逻辑发生"返老还童"现象的老龄人昵称为"老小孩"。表达出在老年人自然的生理、心理衰减过程中，对这类老年人与同龄人在心智上"返童"的有趣差异的偏爱。

说到底，这个现象，是人在生长、成熟、衰老、死亡的自然过程中，两个不同生理阶段产生的相似心理现象。

路走错了能改回来，话说错了找不回来

路走错了，可以返回来重走；错误的话说出去了，影响就造成了，再想纠正也晚了。意思是说人们在说话的时候要谨慎，否则说错了话，损失是无法弥补的。

林子大了什么鸟儿都有

意思是说：在这个世界上，什么样的人（一般指不好的人）都有。一般是戏谑的说法，是有点儿贬义，但不是骂人的话。

卖扇的守山凉

泛指自己生产出来的产品都作为商品去出售，自己却舍不得使用，或没资格享用。类似的话还有"卖盐的喝淡汤，种地的喝米汤"等。

明堂厕居中，久住主病生

在农村，这几年经济的好转，很多人都搬进了楼房，但是楼房由于面积有限，在各功能的分区中多了干扰，其中，一些楼房在设计中有缺陷，造成"明堂厕居中"的问题，这对家人的健康有很大的影响！主要原因在于，老农认为，房屋的中心犹如人的心脏一般，而厕所是污秽之地，因此也容易让人联想到人心脏附近有堵，对家庭主人造成不好的影响！因此，对于房屋的布局，为了家人的舒适生活，一般都会讲厕所改在距离窗口处，便于空气交换，防止异味在室内蔓延，影响家人的健康和情绪！

老话儿

明修栈道，暗度陈仓

这句老话儿是说明里派少数人修栈道，暗里却率兵度陈仓。表示作战时正面迷惑敌人，暗中进入敌人侧后方突然袭击。也用来比喻暗中进行活动。栈道，是指在险阻的山崖上用木架修成的道路。

这个典故在《史记》《汉书》上都有记载。故事说，公元前206年初，刘邦率十万大军先于项羽攻下咸阳，秦朝灭亡。项羽不满，率四十万大军又占领了咸阳。刘邦因兵力不抵，采取了张良之策，先是烧毁了几百里栈道，迷惑了项羽，使项羽安下了心来。后在有人起兵反对项羽时，采用了大将韩信的计谋，派几百兵士前去修复栈道，装出要从栈道进击的样子。对方守将笑话说："不知修到何年何月哩！"其实，明修栈道是在迷惑对方，暗里却率大军进到陈仓，攻下了城池。为后来进入咸阳、战胜项羽，建立汉朝奠定了基础。

没有不开张的油盐店

意思是说：只要你诚信经营，你就会有收获的季节的。也表示做事要耐心等待，总会遇到机会的。

没有不透风的墙

字面意思就是墙都是透风的。这句话是以前大家住土墙房屋时候说的。比喻事情做出来了，没有可能不让人知道的，有一句话说，要想人不知，除非己莫为。

没有过不去的火焰山

这句话的意思是说：没有过不去的坎儿，没有克服不了的困难，一切最终都能得到解决。可以是事业、学习、爱情、生活等等各方面。常用在鼓励别人的话语中。

没有规矩不成方圆

这句话是用来劝诫人要自觉遵守条例法度。它的本意就是没有圆规和曲尺就没办法画出圆和方这两种图案。规和矩这两个字的本意就是以前木匠用来校正圆形和方形的两种工具，规就是圆规，矩就是"曲尺"，不是弯曲的尺子的意思，经常见来干活的木匠用，是一种像大于小于那个符号的东西，一直一横形成一个角度。

民以食为天

这句老话儿意为人民把粮食看成赖以生存的东西，它强调了吃对百姓的重要性。此语源自《汉书·郦食其传》：王者以民为天，而民以食为天。

宁吃肥中瘦，不吃瘦中肥

意思是说：肥猪身上的瘦肉也比瘦猪身上的肥肉味道香。比喻高品位事物中的次品，比次品中的上等品还要好。人要追求高品位，不甘于低俗。

宁吃过头食，不说过头话

吃过头饭，也就是吃多了，最多是撑得慌，损坏肠胃；而说了过头话，那是要出大娄子的。

难过的日子，好过的年

因为过年过节一天就过去了，日子三百六十五天还长着呢，需要慢慢地过。

念经和尚饱，烧纸风刮了，主家花冤钱，街坊看着好

意思是说：大办丧事是给别人看的，花了不少的钱，其实并没有多大实际用途。

宁买不值，不买吃物

这句话的意思是说：买的物件再不值，也可以长期使用；再好吃的东西，吃了也就没了。

男怕干错行，女怕嫁错郎

这句话其实也是男权主义的产物。男怕干错行，就是说男人一生最重要的就是事业，一旦干错了行，这一生也就完蛋了，没什么指望了。而女怕嫁错郎，与男怕入错行并列来讲。

男怕咳嗽，女怕拉稀

在过去的多年时间里，农村人还是很少生病的，很多老人都是平安走过一生。那时候农村人每天都生活在健康的环境中，同时喝的水没有进行污染，吃的粮食没有重金属，蔬菜瓜果都是最天然的。那时候的人真的很少有大病，大家每天都会在庄稼地里忙碌着，自然身体会更健康。

但在那个时候男人最怕的就是咳嗽，不然的话人就没有力气，自然是干

不了庄稼活。在过去男人吸的都是烤烟，本身就没有经过安全性的过滤，如果经常咳嗽，很容易就会导致哮喘肺炎。女人们最怕的就是拉肚子，毕竟女孩子不能受寒，如果保护不好，那自然也会引发多种疾病。那时候大家都害怕得了这些长期治不好的老慢病，今后的健康也会受到很多的影响。

年怕中秋月怕半，星期就怕礼拜三

意思是说：一个时间单位，只要是过去了一半儿，往后的日子就显得过得特别快。

蔫人里头出豹子

这话应该是说最平常的人，可能内心的压力是很大的，一旦爆发比经常发泄的人要厉害。或者说平时不言不语、闷声不响的人，没啥事则罢了，出了什么事就是大事，弄不好就是捅了大娄子了。

奴使奴，累死奴

字面意思是：一个下人使唤其他的下人，会让被使唤的这个人累死。引申含义是说：一个只习惯被管理而没有管理经验、管理思维的人来当管理者很不恰当，只会让结果更糟糕。

南甜北咸　东辣西酸

这句话在一定程度上反映了我国饮食文化的地区差异，同时，也反映了人们的口味与地理环境存在着一定的联系。"南甜北咸，东辣西酸"只是个笼统而又相对的说法，我国地大物博，饮食习惯差量很大，甚至在局部地区也有许多不同之处，这与各地的经济发展、民族习俗和个人习性也有重要关系。

老话儿

难者不会，会者不难

做任何事情，都要有方法。如果你知道做某一件事情的最佳方法，那么，你会觉得很好做，一点儿也不难，这就是"会者不难"。同样，如果你不知道做某一件事情的最佳方法，那么，你会觉得很难做，这就是"难者不会"。

破罐子熬柏木筲

罐子是陶瓷制品，不糟朽，不腐烂，口沿破了一点儿还可以使用。柏木的木质结实耐用，但是时间长了也会腐朽，反而不如破罐子耐用。比喻长寿者中很多是体弱多病的"老病号儿"，而那些平素健康的人却往往早早地离开了人世。即使是患有心脏病、糖尿病等慢性疾病的老人，只要摒弃不良嗜好，坚持锻炼，细心调养，也能成为百岁寿星。

跑了和尚跑不了庙

寺庙是和尚居住的地方，和尚离开寺庙，只是暂时的，他早晚还是要回来的。比喻某人因某事，纵然一时躲掉了，但是由于其他无法摆脱的牵累，最后还是无法脱身。

偏疼的果子不上色儿，没人疼的果子自来红

"一树之果，有甜有酸，一母之子，有忠有奸。"一棵树上结出的果实，味道不尽相同，同一个母亲生的孩子，性格也会截然相反。有的父母，对子女不能一碗水端平，有偏有向，所以引出来了"偏疼的果子不上色儿，没人疼的果子自来红"的谚语，娇生惯养出来的孩子，依靠性强，因而不容易成才；在逆境中成长起来的孩子，自立能力强，反而容易成才。虽然不是绝对，

一章 见成句老话儿

但大部分的家庭，事实上已经验证了这句谚语的正确性。

便宜东西买穷人

其实这是利用了一种消费者的偏好，大部分消费者喜欢"捡便宜货"，但是事实上会造成买了许多不必要东西的后果，积少成多，买便宜货最后的花费也许并不便宜。

朋友好不长，亲戚恼不长

这里所说的"朋友"不是真正的朋友，而是利益上的协作者，一旦失去了利益，关系也就破裂了。亲戚有血缘关系，需要经常接触，有时相互之间闹了矛盾，也会尽快化解。

便宜没好货，好货不便宜

在一般的情况下，商品质量与价格成正比，好的东西一般都价格高，次的东西一般都价格低。但是也不全是如此，也有既便宜质量又好的商品。

前不栽桑，后不栽柳

民间在居住处栽树时，树种很讲究，俗语说："前不栽桑，后不栽柳，当院不栽鬼拍手。"说是"桑"连着"丧"，宅前栽桑会"丧"事在前；柳树不结籽，房后植柳就会没有男孩后代。说"后溜（柳）"会跑光了财气。杨树遇风，叶子哗哗啦啦地响，像是"鬼"拍手。这些树栽不对地方都不吉利。还有，柏树不准栽当院，说是柏树是鬼的象征；家院不准有死树，认为死树预示着家人的去世。所以庭院的树死了，便要立即连根刨掉，马上植上新树。有封建意味。

老话儿

穷柴火，富水缸

原话是"穷灶火，富水缸"，这里的穷并不是贫穷的意思，而是有着尽的含义，穷柴火的意思就是以前咱们做饭不像现在都用煤气，天然气之类的，而是使用灶台，在做完饭之后，要及时清理还没烧完的灶台里的柴火，以免不小心引起火灾造成不必要的损失。

同样的，富水缸的富也不是有钱富有的意思，而是多的含义，意思是家里水缸的水要及时装满，不止是为了吃用，还可以用来灭火，以备不时之需！另外，水缸在农村的一些老人心里有聚财的意思，水缸里装满水也代表着财源广进，家族兴旺！就算现在去农村，也能发现，就算现在家家户户都能用上自来水，有的还放着水缸，就是寄宿着家庭美好的愿望！

"穷柴火，富水缸"所表达的含义就是希望人们在生活中要居安思危，做好防患于未然的准备！

钱多了是祸

钱多了，有些人就会无事生非，招灾惹祸。做钱的主人，钱是福；做钱的奴隶，钱是祸。你可以用钱换来福，也许会无意中因为钱而惹祸上身，所以我们要把钱的事看开一些，多一点少一点别太斤斤计较。

墙倒众人推，鼓破众人擂

这句话和"落井下石"是一个意思，比喻失势、倒霉的人，不但会被人们看不起，而且还会遭受很多人的欺凌。

穷儿不可富葬

意思是说：非常贫穷的人即使是死亡了，也没有办法得到很好的安葬。

穷光棍儿，富寡妇

单身的男人自己挣钱自己花，不会管理自己的生活，花钱大手大脚，浪费较大；女人单身（寡妇）失去了主要生活来源，生活节俭，所以会有余钱。

穷家富路

家境再窘迫，路途中也要出手大方些，该花的钱要花，别亏待了自己。指居家过日子可以节省些，出门在外最好多带些钱，以防万一之需。

穷居闹市无人问，富在深山有远亲

贫穷者身居闹市，亲戚及周边人避你如瘟疫，是怕你穷找人家麻烦，不理你人家又不愿落不义之名，理你又理不起，怕你像膏药一样粘上人家。如果你家财万贯，哪怕你住在深山老林，天涯海角再远的亲戚，也能找见你，你打都打不走。

墙里开花墙外香

墙里种的花，在高墙之内平平无奇，不受欢迎，但是幽香却传到墙外，给人美好的感受，让人无限向往。比喻人才或技术发明等不为本处重视而流誉他处。比喻人做出了成绩，内部还不知道，外面人倒先知道了。引申为某事物在出产地不如在外地受欢迎。

骑驴找驴

指自己骑着毛驴来四处寻找自己正在骑着的驴。比喻东西本在自己手中，却偏去别处寻求。也比喻本来存在于自身，却反而向外求索。也比喻骑着驴去找别的驴。原比喻一面占着一个位置，一面去另找更称心的工作。现多比喻东西就在自己这里，还到处去找。

穷没长苗儿，富没扎根儿

贫穷不会像扎了根一样永远伴随你，只要努力就能改变；富贵也不是自己发芽、生长，最终还要靠个人的奋斗。 这里的"扎根儿"指的是根深蒂固；"长苗儿"是说绵延不息。比喻事物都在变化之中，穷人不能总穷，只要发愤图强，生活就会富裕起来；富人也不能总富，如果坐吃山空，也会变穷的。

穷人怕没钱，怂人怕有权

有的人一直比较贫困，手中没有积蓄，一旦在某种机会下一夜暴富，但又不知如何用钱，便开始乱花滥花，甚至闹出笑话。例如有一个山里的煤窑老权，进城办事，欲乘长途车回家，但人太多没挤上去，气得去公交车公司，询问大巴车可否出租，表示不管多少钱，能租给就行。个人乘一辆大巴车回家。其实，如果租一辆的士，岂不又舒适、又"气派"了还有的发了财，去赌场，输得精光。

有的人，在某种机遇下当了官，有了权，但不懂得当官为民做事，有权正常行使。要官僚，玩霸道，端架子，瞎指挥。被人在背后笑话："你看没有，这人八辈子没当过官，刚有这么点权力，就不知道自己姓什么了。"

对上面这两种人，人们用一句"穷人怕有钱，怂人怕有权"就给总结了。

情人眼里出西施

西施是春秋时期越国人，中国古代四大美女之一。这句话的意思是说：

感情能够影响审美观点，比喻由于有感情，觉得对方无一处不美。

穷算命，富烧香

这句老话的意思是说穷人都爱算命，因为这样可以算出自己的前程，而富人则不同，富人爱烧香，因为富人本身就有钱，没有什么可求的，所以只想要保住自己现在的家产。所以"算命"和"烧香"其实指的就是人们的两种状态"求"和"守"。穷人有需求才会去追求，而富人已经得到了自己想要的，所以守住才是关键！

"穷算命，富烧香"这句老话放在现在有道理吗？其实没什么道理，因为这两句话其实都是人们说的一种心理状态，无论是算命还是烧香，得到的结果都是自己想要的，算是给自己的一种心理安慰。

可是这终究只是心理安慰，实际上是没有用处的，比如一个穷人算出了自己以后生活富足，可是如果他不努力的话，那贫穷将会陪伴他一生。一个富人烧香得到了自己能守住家业，可如果就此开始败家，那就算再多的财产也不够！

当下还有一种状况，逢年过节，有些著名寺庙的香火非常旺盛，不少人开着豪华车，连翻去烧香，弄得人满为患，堵车成串。其实要认真想一下，可能会有一些是靠不义之财发家，或者是贪官污吏想依靠神冥，保住自己的利益，或躲过事情败露致追究。

亲兄弟，明算账

在人与人之间，经济问题最容易产生矛盾。因而，即使是亲兄弟，在经济问题上也不能马虎，要把账算清楚，这样才能和谐相处。

前有车，后有辙

旧式大车，轮子用硬杂木打造，因此叫"木轮大车"，这种木轮车的四周都镶着厚厚的铸铁，俗称"车瓦"，所以也叫"铁瓦大车"，和后来出现的胶皮轮大车相比较，显得分外不灵活，从此又被叫做"笨轱轮大车"。木轮铁瓦大车，轮子非常坚硬，在它经过的地方，大地上就被压出两道深深的小沟，这就叫车辙，俗称为"车辙沟""车道沟"。经过无数辆大车反复碾压，车辙沟的底部变得十分坚硬，车子沿两条辙沟行进，轻松而又自如，若离了这种有旧辙的大车道，行动可就艰难了。

"前有车后有辙"这句话，用在不同的地方，意思不尽相同。一个人要做某件事，苦于没有经验，明白人会开导他说："这也不难，前有车，后有辙。"意思是，照前人做过的同类事的做法去做就是了。一个人因某件事被指责，他也会理直气壮地说："前有车，后有辙！"意思是，我所做的事早有先例，有错不能算在我身上。

人不得外财不富，马不吃夜草不肥

这句话原本含义是褒义的，马如果只给它一日三餐，夜间不加饲料的话，他也不会肥壮起来；就如同人一样，只守住一番田地，没有自己的创新发展，到什么时候也不会富裕起来。从大到国家、小到企业，如果不养精蓄锐、走出去引进来，那么，就不可能强大。大至一个国家民族、小至一个企业、个人，都是如此。但在特定的环境下，这句话往往被理解成贬义的，通过不正当的渠道得来的意外收获，比喻不靠自身努力而只想天上掉馅饼的事情。

人比人得死，货比货得扔

人不要互相攀比，每个人都有自己的优缺点，老和别人比，老觉得不如别人，死了算了！东西之间也有优点缺点，比较来总觉得自己的东西没有别人的好，丢了算了！

人怕出名猪怕壮

中国有句俗语：枪打出头鸟。所以人出名容易被攻击，而猪呢，壮了就该宰了。所以人行事不要太张扬，低调一些，以保护自己。

人死如猛虎；虎死赛绵羊

意思是说：老虎死了谁也不害怕，可是自家的亲人死后，亲属们却有些胆怯。

人无远虑，必有近忧

这句老话儿是说人如果没有长远的考虑，一定会出现眼前的忧患。表示看事做事应该有远大的目光，周密的考虑。

人之将死，其言也善；鸟之将死，其鸣也哀

鸟因为怕死而发出凄厉悲哀的叫声，人因为到了生命的尽头，反省自己的一生，回归生命的本质，所以说出善良的话来。

人挣钱，难上难；钱挣钱，不费难

这句话是指靠卖力气赚钱很难，投资做生意，相对来说，赚钱就容易一些。

塞翁失马，焉知非福

这句老话儿是比喻虽然遭到暂时的损失，但是也可能因此而得到好处。也指世事多变，坏事可以变成好事。这里的"塞翁"，指边疆处的老头儿。

胜败乃兵家常事

胜利或失败是带兵作战的人经常遇到的事情。意思是不要把偶然一次的胜利或失败看得太重。就是说一次失败了不要紧，只要吸取教训，总结经验，定会成功。

树大分杈，人大分家

在农村，树大分杈，人大分家，是天经地义的事，儿子娶了媳妇，总是要分家的，这样可以减少家庭的许多纷争。

树倒猢狲散

指树倒了，树上的猴子就散去。比喻靠山一旦垮台，依附的人也就一哄而散。"猢狲"，即猴子。

事大事小，到时就了

意思是说：做事情，无论大事还是小事，都不要拖延，要按时办完。另一个意思是：什么事情都有结束的时候，只是时候还没到，时机成熟了，这件事也就结束了。

树大招风

树长大了，树冠面积大，对风的阻力也就大，容易被风损坏。比喻人出了名或有了钱财就容易惹人注意，引起麻烦。

神鬼怕恶人

"神鬼"代表了社会中欺软怕硬的黑暗丑恶势力。面对像"神鬼"一样的社会黑暗丑恶势力，一味地害怕逃避肯定不行，而担心其"降罪于己"或希望其"保佑自己"的一厢情愿的"敬重"，却只能助长他们的嚣张气焰，这样的做法肯定也不行。唯一的办法，就是在思想上蔑视，在行动上漠视，对之进行坚决的斗争和严厉的打击。

水火无情

指水和火是不讲情面的，如果疏忽大意，容易造成灾祸，所以我们要提高警惕，注意安全。

上梁不正下梁歪

这是源于百姓生活的一个俗语，原来人们居住的房屋大多都是土木结构，要由掌握建房技能的木工师傅来建造完成。这种房屋形式多样，有的华丽雄伟，如宫殿寺庙，有的简陋朴素，如居民住房。但无论其大小好坏，都要有柱（直立的起支撑作用的构件）、栋（脊檩，正梁）、梁（顺着前后方向架在柱子上的长木）、檩（架在山墙或屋架上用来支撑椽子的长形构件）、椽（檩子上架着屋面板和瓦的直径较小的木料）等构件组成。一般两间房屋要有三梁六柱，但有的是多梁多柱。木质结构的房屋结构严密，具有很深奥的科学原理。所以一旦上梁安放不正，就会影响整个房屋结构，下梁自然也不正了。后来人们常用"上梁不正下梁歪"这句话，比喻起主要作用的人，如领导和长辈做事违背法律和道德准则，其余的人就会跟着这样做。上梁：指上级或长辈。比喻在上面的人行为不正，下面的人也跟着做坏事。比如：长辈们在小一辈的面前做不正当的事（抽烟，打架），久之，小一辈也会学长辈们抽烟，打架了。

树老根多，人老识多

是说树的年份长了，树根就很多，长得就越扎实；人的年纪大了，见过的场面就很多，知道的事情就越多。

水落现石头，日久见人心

意思是说：不要被一时的表面现象所蒙蔽，时间久了就会对人和事有清晰的了解。

是庙就有屈死的鬼

比喻到处都有被冤枉了的人，意在劝解人，不要受了一点儿冤枉就想不开，这是很平常的事情，到处都有。

水能载舟，水能覆舟

载：承载；覆：倾覆。水可以将舟托起，也可以将舟弄翻。比喻在平时要想到可能发生的困难和危险，事物有利有害。

说书唱戏劝人方

说书唱戏都是劝人行善，多做好事，别做坏事，善有善报，恶有恶报。

碎碎平安

家中有人（尤其是过年时）不慎失手将碟、碗、盘等餐具掉地摔碎，自己难免有愧疚之意。这时，多会有家人劝慰说："好，碎碎平安，碎碎平安。"其实，是借谐音在说：岁岁平安！岁岁平安！

上山容易下山难

指上山虽费力但不容易发生危险，下山虽省力却容易失足。因为上山的重力重心是向下，而自身的作用力是向上，两力方向相反，成平衡状，除了费点力气外，危险性较小；下山就不同了，重力重心是向下，自身作用力也是向下，这样平衡就不好掌握了，弄不好前冲力过大，会发生危险。并且下山时速度如果太快，腿脚会发酸并且发抖。另外，下山时，下肢要承受几倍于人体自重的力，膝关节压力过大会造成损伤。上山则不会如此。常用这句话来比喻人社会地位提高时感到荣耀，日子容易过，地位降低时感到丢脸，日子难过。

瘦死的骆驼比马大

即使是饿死的骆驼体积也比马的大。引申为在一方面有特别特长的人，即使在这方面突然到了穷困的地步，也比一些在这方面刚出炉的人强。一个大户人家再穷起码也剩个架子，仍然好过一般的穷人家。

舌头根底下压死人

比喻言论的力量之大，诽谤、污蔑可以害死人。人都顾及脸面，某些人因闲言碎语的压力，一时想不开，就可能会自寻短见。

老话儿

山头有水，人头有血

不管多高的山，它都会下雨或者冰山融化，山上的水并不是从下面送上去的，而是当下雨时水渗入地下储存起来的。地质都会有储水层，山上也有。人体的毛细血管也是一个道理。

水未来，先叠坝

意谓灾祸未到来之前先加以防范。与未雨绸缪是一个意思。

烧香引来鬼

多指事与愿违，办好事却引来不好的反应。某企业于某年入汛前，给当地某单位送去一些防汛物资。这个单位经研究，一半儿平均分配给各户，另一半留作应急备用。有人住的是新房，肯定享受不到应急的那部分，且平日与单位主要领导不睦，于是鼓动一些人去企业闹事，实际上是想给本单位领导找麻烦。该企业负责人说："这不是烧香引来鬼吗？"

省着省着，窟窿等着

常言道，"大富由命，小富由勤"，所以做人应该惜福节俭。但凡事都应把握"度"，否则的话，"过犹不及"。故过日子也应随缘，"该花则花，该省则省"……该省的，一分钱也不多花；该花的，一万块钱也不眨眼！在我们的现实中，特别是老一辈的，平时不舍得吃，不舍得穿，辛苦挣的钱全部都攒起来；但是在生活中，总会遇到很多事，突然之间需要你花一大笔钱。

其实越省越穷的情况，很多结果都是因为"太省"而引起的，这也反映了为人的一种心态，舍与得的辩证统一。"省着省着，窟窿等着"，这层老话有一层意思是劝人莫当"守财奴"，要学会能挣会花，在有条件情况下，要

注意提高生活质量。比如不舍得吃不舍得喝，结果是亏了身体，生病了又不舍得去看，结果小病拖成大病，这不就是数不尽的窟窿等着填吗？并且往往是省的那一点钱填完都还不够。而懂得"舍"的人，往往更容易得，该花钱的时候他不会手软，懂得投资，抓住机会了会付诸行动，所以更容易成功。

勺子不是树上长的，媳妇不是婆婆养的

意思是说要让婆婆拿儿媳妇当亲生孩子，就像让树上长出勺子来一样不可能。意思是说婆婆和媳妇之间总是有隔阂的。

婶子大娘赛热房，不如亲老子和热娘

比喻别人对自己再好，也不如亲爹亲妈好，别人对自己好是暂时的，爹妈对自己好是长久的。

私凭文书官凭印

意思是说：私人之间的交往凭的是文书，也就是文字性的东西，用以相互约束；当官的凭的就是印章，没有印章谁也不认。

孙子是隔辈人，比自己儿子还亲

意思是老人疼爱孙辈的程度远远超过疼爱自己的儿女。一是因为孙子是自己家的后代香火；二是因为自己年轻的时候要为全家人的生计而劳碌，照顾儿女的时间很少。上了岁数之后，退休了，有了闲暇时间，照顾孙儿的时间自然也就多了。

老话儿

铁打衙门流水的官

是对封建时代的吏治的绝妙概括。既反映出官员的流动性的特点，又反映出这种流动性带来的一种不良后果。官员在某一衙门中任职都不是永久的、固定的，而是流动的，可能调动、升迁的，所以他们不修衙门，很多衙门都房舍倾颓，破烂不堪。

偷风不偷月，偷雨不偷雪

这是古人"梁上君子"总结出来的经验（尤其专门在夜间翻墙越屋进行偷盗的窃贼），在偷盗的时候，因为有风就算有动静也被当作是风吹的缘故，有月的夜晚太亮不容易躲藏；下雨的时候可以偷盗，下雪就不行，会留下脚印，所以这是他们的口诀。这句话的意思是提醒人们，越是这种天气，越要提高警惕，防偷防盗。

姜太公钓鱼，愿者上钩

这句老话儿是说姜太公用直钩不挂鱼饵钓鱼，愿意上钩的鱼，就自己上钩。比喻心甘情愿落入别人谋划的圈套。

贪小便宜吃大亏

贪小便宜吃大亏，指的是为了贪图一点点的利益，却遭受到重大损失。也可以解释为"贪小便宜吃大亏，不图便宜不上当"。

天下无难事，只怕有心人

指只要有志向，有毅力，没有什么办不到的事情。

桃养人杏伤人，李子树下埋死人

桃、杏、李，既为夏季时令鲜果，又为药食同源的中药。说"桃养人"，并将其唤作"寿桃"，是因为桃的益处众人皆知：桃具有补中益气、养阴生津、润肠通便的功效，尤其适用于气血两亏、面黄肌瘦、心悸气短、便秘、闭经、瘀血肿痛等症状的人多食。

与"桃养人"相反，说"杏伤人，李子树下埋死人"，就一针见血地指出了"过食杏、李有害"的观点。中医养生观点认为，杏和李子均不可多吃。中医认为，杏肉味酸、性热，有小毒。过食会伤及筋骨、勾发老病，甚至会落眉脱发、影响视力，若产、孕妇及孩童过食还极易长疮生疖。同时，由于鲜杏酸性较强，过食不仅容易激增胃里的酸液伤胃引起胃病，还易腐蚀牙齿诱发龋齿。不仅食杏肉伤人，爱食鲜杏仁的朋友也要提高警惕：因鲜杏仁有苦、甜之分，而苦杏仁中因含有一种有毒物质"氢氰酸"，生食过量便会中毒，甚至死亡。至于李子性温，过食可引起脑涨虚热，如心烦发热、潮热多汗等症状。尤其食李子切记不可与雀肉、蜂蜜同食，反之则可损人五脏，严重者同样可致人死亡。由此可见，民间这一说法不无道理，是老百姓的经验之谈。

兔子急了也咬人

兔子是一种温顺的动物，但是你如果把它欺负急了，也会咬你。比喻人都有一定的忍耐性，如果突破了底线就会反抗。不要欺负老实人，老实人也有不能突破的底线。

碗大勺子有准儿

比喻任凭你千变万化，但是我有固定的原则。

老话儿

瓦罐不离井口破，大将难免阵前亡

古人常用瓦罐在井口取水，这样在井口被磕碎的几率当然非常大了；大将总在战场领兵作战，阵亡的几率也自然很大。比喻身处险境，随时都有覆灭的危险。

屋漏找房东

下雨天，房客租住的房子漏雨，就要找房子的主人进行修缮。比喻有问题要找责任部门，或主管领导。

望山跑死马

这句老话儿是说，远山虽然在目，但是要想到达，还需费力跑一段长长的路程。以此比喻教人勿因胜利在望而松懈，不再努力。

外头捡块板，家里丢扇门

门是木板做的，在外边捡了一块小木板，而家里的门却丢了。形容得不偿失，占小便宜吃大亏。

亡羊补牢，犹未为晚

这句老话儿的意思是羊丢失后，才修补羊圈。比喻出了差错，设法补救，免得再受损失；也含犹未为晚之意。这里的"亡"，指丢失；"牢"，指关牲口的圈。

小不忍则乱大谋

意思是说：一个是人凡事要忍耐、包容一点儿，如果一点儿小事不能容忍，脾气一来，坏了大事。许多大事失败，常常都由小地方搞坏的。

县官不如现管

意思是说：指遇到问题，找高层领导，不如找直接负责的人更实际。

小姑子多，舌头多；大姑子多，婆婆多

意思是说，小姑子爱搬动是非；大姑子爱管事儿。

鞋合适不合适只有脚知道

比喻人对某件事物的感受，只有当事人自己最清楚。

心急吃不了热豆腐

比喻心急就会得不偿失，用一个成语来解释就是"欲速则不达"。

现上轿子现扎耳朵眼儿

意思是说：事情已经开始了才做准备，有点晚了的意思。

先下手为强，后下手遭殃

先下手的可以取得主动权，会最先得到利益，后下手者常常处于被动地

老话儿

位，是会吃亏的。

先有什刹海，后有北京城

北京城坐落在永定河的洪积冲积扇上，什刹海是永定河故道的遗留，所以说"先有什刹海，后有北京城"。

先有潭柘，后有幽州

幽州是我国古代的一个行政区划，设置时间很早，据《周礼·职方》载，"东北幽州"。其范围大致包括今河北北部及辽宁一带，治所在蓟城。但这句话所说的"幽州"并不是指幽州地区，而是指幽州城，也就是北京的前身。幽州城是唐玄宗开元十八年（730 年）才确定下来的，而潭柘寺始建于西晋愍帝建兴四年（316 年），远早于幽州的建成时间。人们用这句话形象地表明了潭柘寺的古老。

哑巴畜生通人性

牲畜虽然不会说话，但是和主人相处的时间长了，也会和主人产生感情，熟悉主人的语言、动作，知道主人想要做什么。

鹬蚌相争，渔翁得利

这句话来自《战国策》上的一个典故，鹬：长嘴水鸟；蚌：有贝壳的软体动物。一只蚌正张开两壳晒太阳，鹬鸟飞过来，伸出长长的嘴巴来啄食它的肉。蚌一下子合住双壳，把鹬鸟的嘴紧紧地夹住了。鹬鸟对蚌说："今天不下雨，明天不下雨，就会把你干死！"蚌对鹬鸟说："今天不放你，明天不放你，就会把你饿死！"它两个各不相让，谁也不肯放谁。这时，一个打鱼的

老人走过来，一下子把它们都捉走了。

比喻双方争执不下，两败俱伤，让第三者占了便宜。争狠斗气，往往造成两败俱伤，谁也没有好结果。

有笛儿就吹得响，有儿女就指望得上

意思是说：无论是儿女还是东西，必须要有用，如果没有用，还不如没有。

养儿随叔，养女随姑

这是说的遗传性，因为血缘的关系，或是模样，或是性格，两者之间总有些相似的地方。

眼高手低

有人给自己提出能力难及的标准，或者眼界高而实际能力低自称或被人称为眼高手低。陈确《与吴仲木书》曰："譬操觚家一味研究体理，不轻下笔，终是眼高手生，鲜能入彀。"毛泽东在《反对党八股》一文中道："这叫做眼高手低，志大才疏，没有结果的。"巴金《谈〈憩园〉》说："这个人自命不凡，眼高手低，自以为比什么人都清高，却靠着父亲留下的将近一千亩田的遗产过安闲日子。"现实生活中，也有人对别人的作品不屑一顾，或专好挑毛病，但自己却没有像样的作品，辄可以称之为眼高手低。

有后儿子，没后孙子

意思是说，老人有和自己儿子关系不好的，但是没有和自己的孙子关系不好的，因为隔辈人更疼。

冤家路窄

遇上最不愿意相见的人，或仇人相逢，无可回避，称冤家路窄。《初刻拍案惊奇·王大使咸行部下》中有："真是冤家路窄，今日一命讨了一命"之句。《官场现形记》第三回中也有："冤家路窄，偏偏又碰在他手里"之语。《烈火金刚》第二回中讲道："啊！冤家路窄，又碰上这个老对头了。"

有理不在声高

这句话的意思是说：道理在不在你那里，与你的嗓门儿高低没有关系。

远来的和尚会念经

比喻从外面来的人或物受到重视，被认为有才能或好。这句话带有讽刺意味。其实这句话也不是没有道理，因为远来的和尚和近处的和尚相比，了解认识的知识范围不同，听众就有新鲜感；人和人有距离，听众就有神秘感；组织远来的和尚念经，念经者自然觉得自己高人一等，加上精心准备，畅所欲言的发挥，念经的效果会更好。

有理的街道，无理的河道

在大街上，大庭广众，众目睽睽，为人做事一定要讲规矩、讲涵养，有理要让人，无理不能赖三分。在河里就不一样了，人们神圣的裸体，就会暴露在阳光底下。河堤上偶有异性走过，也并不能视为是对自己的非礼，急急走开了事。

羊毛出在羊身上

比喻表面上给了人家好处，但实际上这些好处已附加在人家付出的代价里了。现在一般形容商家所谓的打折优惠，其实还是摊在消费者身上了，消费者并没有占到便宜。

爷们儿外边走，带出娘们儿两只手

"爷们儿"指丈夫；"娘们儿"指老婆。过去一般老百姓穿的衣服都是由自己女人来做。只要看男人穿的衣服合体不合体，就知道他老婆的手巧不巧了。只要看男人的衣服干净不干净，就可以知道他的老婆是勤快还是懒惰。

有权不使，过期作废

此话流传于民间，但多由一些具有官僚作风、甚至腐败分子使用。有的人，一旦得到一点权力，又生怕失去，于是在有权的这段时间里，颐指气使，胡作非为，媚上欺下，官气十足，甚至违法乱纪，腐化堕落。

有钱难买子孙贤

意思是一个人在一个很艰苦的环境里长大，他就会很节约很努力。这样他就很容易成功和积累财富。有钱了，他自己经历了很多的艰苦和磨难，就会想要让自己的儿子孙子过得舒服一点。希望他们不要吃亏受累。他们的儿孙从来没有吃亏过，根本就不懂创业的艰辛和财富积累的困难，所以就挥霍无度也不会心疼。也不能像长辈一样努力工作和积累财富。自然就很容易将父辈所积累的财富挥霍一空，这样他们又从富二代、富三代变成了穷一代。

有钱能使鬼推磨

此话源于古代，意思是金钱万能，只要有钱，又舍得花钱，不可能办到的事也能办到。《古今小说·临安里钱婆留发迹》中有："此时钟明、钟亮拚却私财，上下使用，缉捕使臣都得了贿赂，又将白银二百两，央使臣转送县尉，教他搁起这宗公事……正是'官无三日紧'，又道是'有钱使得鬼推磨'。你们既有银钱送他，他乌眼睛见了白铜钱，少不得欢天喜地，把令亲从轻发落的"之语。清代方成培《雷峰塔·开行》中亦有："官人，常言道得好，有钱使得鬼推磨耶。"现实情况中也有此类情况，不少贪腐案中有此情节。在民间流传过程中，"有钱使得鬼推磨"变成了"有钱能使鬼推磨"。

樱桃桑葚，货卖当时

这句话的意思是说：这两种水果比较金贵，不好保存，只能应季吃，错过季节，想吃也没有了。

阎王好见，小鬼难缠

阎王和小鬼都是宗教里面的"人物"。在这里，仅做比喻。是用来形容往往大人物好说话，一些无名小卒反倒喜欢故意刁难；换一句话就是，装大要横的大多是低级者。

有享不了的福，没有受不了的罪

有的东西虽好，看似很享福，但对你并不见得受用。相对享福来说，受罪是人人都能受的，只要想生存，想活下去，你得能够忍受各种痛苦，这是必然的。但是享福就不同了，对于某些人来讲，所谓的"享福"，实际上是在受罪。

英雄难过美人关

英雄之所以过不了美人关，是因为他的生理因素与心理因素共同作用，导致原本聪明的脑袋和刚毅的意志都失灵了，于是做出非理性的行为。另外这句话也形容"美人"的巨大魅力，其实不仅仅是男人，女人有时候也难过"帅哥"关。在日常生活中，我们还是要尽量保持冷静，以免一时糊涂，造成终身遗憾。

贼不走空

贼不走空，是说贼出动一次，必须要偷点儿东西回来，不然贼心难安，也对不起自己的手艺，这也是为了图个吉利，不然下次晦气又偷不到东西。

择不净的虱子，拿不净的贼

贼像虱子那样难以除净。然而，消除虱子只需要卫生条件上去就可以了，可要消除盗贼，就不是那么简单了。小偷自古就存在，到今天仍然存在。

真的假不了，假的真不了

这句话的意思就是说，什么东西，不论怎样伪装，他们的本质是不会变的。

丈夫有钱妻子贵，老子有钱女儿娇

在过去，男人是一个家庭的主要经济来源。丈夫有钱，妻子就会穿戴豪华，显得金贵；老子有钱，就会更加疼爱女儿，也就是说女儿养得娇。

掌柜的常有理，当头儿的干好活儿

意思是说：当领导说出的话总是对的，因为他有权力，标准是他们制定的，所以他们干出来的活儿符合标准。下属必须要服从，照令行事。

针尖儿大的窟窿，斗大的风

指冬天寒风吹来，门窗上极小的孔，也会吹入很大一股寒风。要想保暖，就一定要把门窗糊严实。

纸里包不住火

要想人不知，除非己莫为，做了坏事终究会败露。形容事实真相是无法掩藏的。

挣钱的不受累，受累的不挣钱

意思是说，脑力劳动者可以挣大钱，其收入会远远超过体力劳动者。脑力劳动者也不是不受累，他们所付出的是脑力劳动，外人看不见而已。

真人不露相，露相不真人

"真人不露相"，就是说，一个真正有智慧有实力的人，是不会随随便便，炫耀自己的能力的，他的行为体现，必然是谦虚有礼貌的。

"露相不真人"，就是说，那些喜欢装腔作势，时常在别人面前炫耀，自己如何的了不起，喜欢自吹自擂，刻意把自己的身份提高，其实只是一个空罐子。

嘴是试金石，眼是宝珠

这句话指眼睛明亮，可以识别宝珠；说的话过硬，可与试金石相比。

嘴上无毛，办事不牢

嘴上无毛，一般是指还未成熟的男性，年纪还小，办事比较浮躁，不老练不牢靠。

重赏之下必有勇夫

意思是在丰厚赏赐的刺激之下，一定会有勇敢的人接受任务（挑战）。旧指用大量金钱、财物作鼓励手段，可诱导人为之效力。

张王李赵遍地刘

意思是说，这几个姓氏的人数量多，到处都有。

只许州官放火，不许百姓点灯

这句老话儿意思是说：只允许当官的放火胡作非为，不允许老百姓点灯照明。比喻反动统治者为非作歹，为所欲为，而普通老百姓的言行却受到无理刁难和种种限制。

语出南宋陆游的《老学庵笔记》。故事说，北宋时，有个州的太守名叫田登。他专横跋扈，还特别忌讳自己名字，因为他名"登"，所以不许州内人说话时说到任何与"登"同音的字。只要与"登"同音，都要用其他字来代替。谁要是触犯了这个忌讳，轻则打板，重则判刑，罪名是"侮辱地方长官"。不少吏卒因此而挨过鞭打。一年一度的元宵佳节即将到来，依照惯例，州里要放三天焰火，点三天花灯，表示庆贺。并提前出告示，以便百姓前来看灯。张贴的告示应是"本州依照惯例放灯三天"，可因为忌讳"灯""登"同音，却要写成"本州依照惯例放火三天"。于是就有了这"只许州官放火，不许百姓点灯"的话。

主有多大奴有多大

比喻奴才依仗主人的势力，抬高自己的身份，做一些出格的事情，甚至于假冒主人的名义，越权办事。这句话是贬义。

侄子门前站，不算绝户汉

意思是说：侄子也可以起到儿子的作用。

5. 为人之道

　　为人之道，就是教人为人处世的方法。古之善为道者，"致虚极、守静笃""上德若谷、上白若辱"。简而言之就是"近朱者赤，近墨者黑"，用现代人的说法就是教人如何学好。

　　做人要善良，勿以善小而不为，勿以恶小而为之。做人要本分，富贵不能淫，贫贱不能移。做人要诚实，诚信乃做人之本也。做人要自重，严于律己，宽以待人。做人要知足，知足者常乐也！以上就是为人之道，是人都要做到。中国人自古就重视教育，因而在这方面留下的"老话儿"也不少。

不办亏心事，不怕鬼叫门

　　如果做了亏心事，就会时刻受到良心的谴责而心神不安，导致在生活或者工作中，波折不断，无法放松心绪，时刻处在惊慌恐惧之中。这句话的意思是告诫人们，不做亏心事，就能够心绪宁静，对一切都会泰然处之。

兵来将挡，水来土掩

　　敌兵来了派将军前去抵挡；大水来了用土去阻挡。比喻不管对方使用什么手段，总有相应的对付方法。比喻根据具体情况，采取有效的方法去进行应对。

饱暖生闲事，饥寒起盗心

指有的人在解决了温饱，生活富足之后，不用再为衣食问题奔波了，就去招惹是非；而吃不饱、穿不暖，饥寒交迫之时，就会萌发偷窃的念头。"盗心"是因为饥寒交迫所导致的。

兵听将令草听风

意思是说，要如同士兵服从军官指挥，小草随着风向摆动一样，听从领导的命令。

不蒸馒头争口气

这是一句形容做人有骨气，做人争气的话，就好像有人指责你事情办不好，别人对你说："不蒸馒头争口气。"意思就是，别人越说你做不好，你就越要做好！

吃亏是福

吃一点儿小亏无伤大局。退一步，让自己在海阔天空中放松，无论是心情还是人情，在看似吃亏的过程中，已经得到了补偿。而且，在有些时候过于计较，得失心太重，反而会舍本逐末。当失误摆在面前，而且很快地找到教训后，就应该迅速将这件事沉淀下来了，过多地计较会使自己陷入对过往的沮丧情绪里，这种情绪会遏止我们的自信，甚至影响判断。因此，承受吃亏也是一种自信的表现。吃亏，包含了豁达和宽容，而且还要加上理智和自

我克制。面对吃亏的豁达，是一种以个人能力为基础的自信，但这种自信并非人人都有。

吃水不忘挖井人

"吃"在这里是"饮"的意思，吃水就是指饮水，主要是告诉我们，做人要懂得在你享受成果的同时，不要忘了给你创造成果的人，指做人要懂得饮水思源。

常在河边走，哪能不湿鞋

这句话是有一定的道理的，经常在河边走路，哪有鞋子不沾泥带水的？这体现了环境对人的影响，与"近朱者赤，近墨者黑"的道理相似。但是环境对一个人来说只是外因。内因才是事物变化发展的根本，外因只是事物变化的条件，外因通过内因才能起作用。因此我们不能想当然认为常在河边走，就必定要湿鞋；也不能以常在河边走，作为自己鞋子湿的借口。因为只要我们坚守住自己的原则，完全可以做到常在河边走，也能不湿鞋，就像莲花出淤泥而不染一样。

打不着狐狸反惹一身臊

狐狸有一股难闻的臊味儿，狐狸十分狡猾，很难打到。"打不着狐狸落一身臊"这句老话儿，比喻做事未能成功，反致招来恶果，或便宜没占到，反而吃了亏。如："不但事儿没办成，反而得罪了他，打不着狐狸反惹一身臊！真倒霉。"

当断不断，必受其乱

办事犹豫不决，反遭受祸害牵累。《黄帝四经·兵容》：因天时，与之皆断；当断不断，反受其乱。

爹的恩情不好报，娘的恩情报不完

因为父爱是另一种形式，含蓄、深沉，有时不露声色，了无痕迹，所以常常被我们熟视无睹；娘是直接把你手把手带大的，你是吃娘的奶长大的，她能为你付出一切，爹总是操心你的前途和未来，为你学习工作铺路，赚钱养家。爹娘对儿女的恩情都是无法报答的。

打掉牙咽肚子里，胳膊折了吞进袄袖里

比喻受了委屈也不张扬，宁可吃亏也不丢面子。

打架不能招街坊

两个人之间发生矛盾，不能妨碍第三者的合法权益。

道路不平有人铲，事情不平有人管

土路容易损坏，坎坷不平就不好走了。有公益心的人就会把路铲平；遇见不平之事，主持正义的人就会出面主持公道。前一句是比喻，后一句才是重点。比喻社会上有急公好义，热心公益、主持公道的好人在，容不得某些人胡作非为。

打了龙袍也是死，杀了太子也是死

"打龙袍"视同于打皇上，是死罪；杀了太子同样也是死罪，既然只有这两种相同结果的选择，那么就不妨选择严重的行为，把事情做得更轰轰烈烈一点儿。

得便宜卖乖

这句老话儿是说自己多占了利益还要自夸，美化自己的行为，是轻狂之态。也指占了别人便宜，自己还愣装作吃亏了的样子。例如：一个人高价卖给你一件商品，得了巨额利润，但他却说："我出这个价把它卖给你，我们可亏大了啊。"

爹亲叔大，娘亲舅大

意思是说：叔伯是父亲的兄弟，同样要受到尊敬；娘的家人，舅父是母亲的兄弟，同样也要尊敬，不得有丝毫怠慢，否则是严重失礼。这两门亲戚最重要，远胜过其他的亲戚。

得饶人处且饶人

指做人要懂得宽容、体谅别人，尽量宽恕别人。还指做事不要做绝，须留有余地。语出自《唾玉集·常谈出处》："蔡州褒信县有道人式棋，常饶人先，其诗曰：'自出洞来无敌手，得饶人处且饶人。'"

到什么山唱什么歌

意思是入乡随俗。到了一个新的地方，要守那个地方的规矩，只有这样才能和当地的人们融合，办事也才方便。

东头儿不见，西头儿见

这句老话儿意思是说反正见得着，躲避不了。如："你老躲着我，躲得开吗？东头儿不见，西头儿见，早晚也得见面呀！"

但行好事，莫问前程

自身要多做义举，做好当下，而不要去牵挂往后的发展，做好事不是为了得到回报。

胆小难把将军做，胆大还吃胆大的亏

做什么事都有风险，收益越大，风险越大，做一件收益大、风险大的事情，也可能成功，也可能失败。意思是在做事之前，要考虑周密一些。

当着真人不说假话

"真人"指通晓事理的人。这句老话儿的意思是：在有见识、有眼力人的面前，要实话实说，不能欺瞒。多用于对面奉承，使对方喜悦，又表现自己的诚实。如："您是懂行的，什么也瞒不过您去。当着真人不说假话，我这货是按一块五斤来的，您给找个'赚儿'，算您五块二一斤。"

儿不嫌母丑，狗不嫌家贫

表面意思就是说子女不会嫌弃母亲长得丑，狗不会嫌弃家中穷，吃得不好。引申意思就是要我们要报答父母的养育之恩，我们做人要懂得知恩图报。

儿大不由爹，女大不由娘

因为孩子长大后，有了很强的判断是非的能力，也能以一分为二的角度看问题，所以相对来说，对爸爸妈妈所说的和所做的，就有了一定的看法，当他们把自己的想法表达出来时，老人们就得出了这样的结论。

儿孙自有儿孙福，莫为儿孙做马牛

有些大人担心孩子不会做饭，担心孩子没有好工作等等。没完没了地为孩子操心，偶尔说得孩子们还不高兴，自己也生气。其实孩子们有自己的生活方式，大人不必那样操心，孩子们自己也会生活得很好。孩子们天生有生活的本领，大人不必像牛马一样，没完没了地为孩子操心。

坟对邻家门，家败万人论

这里"论"是议论的意思，在农村，如果新盖的房屋在未考虑大门朝向的问题上，正对坟墓，那么主家要自我调整了，毕竟"先有坟，然后才盖的房子"。而如果"坟在后"要与邻居进行沟通，可以建议邻居在门前建一堵墙来隔开！而如果未知会邻居就在正对邻居门前起坟，这样容易造成邻里的纠纷，也会成为别人谈论的焦点！对两家都不好，因此才有了"坟对邻家门，家败万人论"的说法！

饭是人家的，肚子是自己的

别人请吃饭，不要吃起来没完，防止撑坏了肚子。比喻为人不能贪得无厌，贪得无厌是会损害自身的。

老话儿

放下屠刀，立地成佛

佛教认为，人皆有佛性，作恶之人弃恶从善，即可成佛。后来发展成为劝导作恶之人停止作恶。话里的"屠刀"不仅是指杀人的屠刀，还指人内心的分别、妄想、执着，包括贪、嗔、痴、慢、疑。这些都要放下，通通放下，万缘放下。那一刻，回归自性，忏悔业障，发心从此断恶修善。而这里的"成佛"指的是见地，认识到自己本自具足的佛性。不是就真的成佛了。

光脚的不怕穿鞋的

"光脚的"指那些一无所有的人，他们没有什么可失去的东西，也就无所顾虑，什么事情都敢于去做。"穿鞋的"是指那些有地位、有身份、有财富的人，他们大多不敢做冒险出格的事情，做事前瞻前顾后，往往害怕这些"光脚的"，"光脚的"拼起命来，往往会让"穿鞋的"付出相当大的代价。

观棋不语

观看下棋有条"规则"，叫观棋不语。有种解释讲，黑白两色的围棋子象征日月，表示阴阳二气。棋子的圆形模拟浑圆的天空苍穹，棋盘的四角比喻地象的四方。纵横各十九条线，有九个星点，表示九大行星。围棋盘长一尺二寸，表示十二个月。白子表示白昼，黑子表示黑夜。黑子先走，表示一天从半夜的子时开始。黑白相对，表示阴阳应对时不得混入他物，因此下围棋时不许旁观者插嘴。

看别人下棋的时候，如果你说话、给一方支招，他赢了也不露脸，另一方还会恨你；如果他输了，同样也会恨你。所以才有了"观棋不语真君子，落子无悔大丈夫"这句老话儿。

各人自扫门前雪，莫管他人瓦上霜

现在比喻只管自己的那一份，洁身自好就好，不要多管闲事，免得招惹是非。

瓜田不纳履，李下不整冠

语出自《君子行》，指经过瓜田，不可弯腰提鞋；经过李树下，不要举起手来整理帽子，比喻避免招惹无端的怀疑。

瓜子不饱是人心

嗑瓜子是不能填饱肚子的，图的是瓜子香甜的"仁心"；送给亲朋好友的，即使是小小的一件礼物，不一定解决根本问题，但表达的却是一片真诚的心意。

话糙理不糙

这句老话儿是说有些人说出来的话粗俗，不加修饰。甚至是不太文明的词汇，但是道理很正确。对于这种话语，不应当一概排斥，应该好好地想一想，是否有道理。

虎毒不食子

老虎虽然凶猛，但是不吃虎崽，而且善于防范其子被食。比喻人皆有爱子之心。"虎毒不食子"这句老话儿常被人们拿来鞭笞虐待儿童、遗弃幼儿的人，是保护妇女儿童利益常说的一句话。

好狗不挡道

狗通人性，是人类的朋友，不会给人制造障碍。比喻做人不能与别人为难。

好钢用在刀刃上

刀刃是一把刀最关键的部位，只有把好钢用在刀刃上，这把刀才会锋利，不卷刃儿。比喻要人尽其才，物尽其用。也比喻要把主要精力放在工作的关键环节。

好汉不吃眼前亏

指聪明人能够审时度势，分清利害关系，暂时躲避对自己不利的处境，免得吃亏受辱。

好汉不提当年勇

好汉不提当年勇的意思是说，真正的英雄好汉，是不在人们面前夸耀自己以前是如何英勇的。换句话说，真正的成功者，是不吹嘘以往的成绩的，他（她）总是能够保持谦虚的态度和永远前行的进取心。为什么好汉不提当年勇呢？因为好汉以炫耀为耻，以好勇斗狠为耻，好汉只是做自己认为该做的事情。

好汉子不挣有数的钱

意思是说：人要有远大的志向，要不断地奋斗进取，取得更大的成就，不要目光短浅，故步自封。

会哭的孩子有奶吃

孩子一哭，并且哭得很厉害，自然就会引起母亲的注意，给他喂奶；如果孩子不哭，母亲是不会注意到他的，继续做自己的事情。比喻提出多次要求或者要求强烈的单位或下属，能得到更多的照顾。处事之中，以弱示人，能最大限度地激发别人的同情心，从而让人对你格外恩惠。

河里的石头越圆，跑得越远

圆形的物体容易滚动，河里的石头越圆，在水流的冲击下，跑得就越远。而那些带有棱角的石头，则很难跑得远。比喻人在为人处世中，要少些棱角，尽量不要和别人闹矛盾，和大家搞好关系，这样对于办事是有利的。

虎老雄心在

老虎虽然老了，但是依然还有独霸森林的雄心。比喻人上了岁数，不能有船到码头车到站的思想，不能颓废，要像老虎一样，依然还有追求的目标，还要继续奋斗。

好男不和女斗

这是对仁人君子的要求，可能女子历来在我国都是处于比较弱势的地位吧，而且无论在体质方面、见识方面，有时候都不如男人，所以做男人的就要学会克制自己，不要和女子斤斤计较。这是一种修养，是一种宽容和大度。

荒年饿不死手艺人

荒年：农作物收成很坏或没有收成的年头。手艺人：有某种手工业技术

老话儿

的人。整条意思是说：即使是荒年，手艺人也不会被饿死。说明有了手艺，什么时候也不愁吃饭问题。

好事不背人，背人没好事

意思是说：做人要光明磊落，说话、做事都要光明正大，不要背后嘀嘀咕咕搞小动作。否则即使是你没有坏心，也会引起别人对你的怀疑和误会。

孩子自己的好，庄稼人家的好

孩子是自己亲生的，因而对孩子深有感情，每个父母都认为自己的孩子最棒；自己家种的庄稼是生活的物质来源，每个人都希望自己家能够打更多的粮食，比别人家更富裕，因而总觉得自己家的庄稼长得没有别人家的好。

金窝银窝不如自己的狗窝

这是对家的形象称呼，意思是：即使是在物质发达的外地，比如北京、上海等这样的一线城市，也比不上自己家乡的好，虽然物质贫乏，但是给人一种归属感。

肩膀齐为弟兄

这是一句俗话，意思就是说不分年龄大小，都可以称为兄弟，比如年纪大的人，遇到年轻的，年轻人要称年纪大的为叔叔，后者就可以说，不用，肩膀头齐为兄弟。

记吃不记打

这句老话儿是人们用来说动物的，只知道贪嘴，而对于以往因此而挨的打或惩罚，完全记不得的行为。例如拉磨的驴对于因干活时偷吃磨盘上的料所挨的打就不记得，下次拉磨时还会瞅空子偷嘴。还有钓鱼时，咬钩的鱼儿若侥幸脱钩逃掉，那么下次再碰到挂在钩上的饵料时，还会去咬，所以有人说鱼儿是没记性的。也用来比喻有些人没脑子没记性，贪利而忘害，不吸取以往失败的教训，是贬义词。

旧的不去新的不来

这是有些人在损坏或丢失了东西之后，自我解嘲的用语，认为旧的没有了，只好被迫去买新的，坏事变成了好事。

鸡蛋里头挑骨头

这句老话儿比喻无端寻衅，吹毛求疵，无中生有，没事儿找碴儿。

教会徒弟饿死师傅

徒弟手艺和师傅的一样，但由于是新手，所以干活认真，价钱还便宜，自然就不请师傅了。所以在早年间，当师傅的都要留一两手绝技，或者是干活儿的窍门儿，当徒弟干不来的时候，自己去干，这样自己就失业不了了。其后果是一代不如一代。

借米能下锅，要米下不了锅

借来的米，以后自己是要还的，这种事情可以做；要来的米是白占别人

老话儿

便宜，这种事情做不得。

吉人自有天相

意思是说好人在危机的时候，自然会得到好的运气，化险为夷。多用作对别人患病或遇到困难、不幸时的安慰话。这里的"相"，是辅助、帮助的意思。有时也写作"吉人自有天助"。所谓的"天"，我们不妨理解为社会公理，人民大众。

姜是老的辣

这句老话儿，谓人年老而有手段，能应付困难。语中略含嘲讽，有时还包含赞美之意，甚至可当面说。如："您真行！帮了我的大忙，还得说姜是老的辣。"

己所不欲，勿施于人

是指自己所不愿意要的，不要强加于别人。这句话所揭晓的是处理人际关系的重要原则。孔子所言是指人应当以对待自身的行为，作为参照物来对待他人。人应该有宽广的胸怀，待人处事之时切勿心胸狭窄，而应宽宏大量，宽恕待人。倘若自己所不欲的，硬推给他人，不仅会破坏与他人的关系，也会将事情弄得僵持而不可收拾。人与人之间的交往确实应该坚持这种原则，这是尊重他人，平等待人的体现。

娇养儿无后成

这句老话儿的意思是说：娇生惯养出来的孩子，成不了大器。孩子应该经风雨见世面，加强历练，才能锻炼出坚强的性格，这是成才的必备条件。

酒要少吃，事要多知

少量饮酒，对身体有好处；喝多了则对身体有损害，故而"酒要少吃"；事情知道得多了，可以增长知识，开阔人的思路，故而"事要多知"。

家有贤妻，男人不做恶事

意思是说，家有一个贤惠的妻子，枕边风吹着丈夫在外面学好，与人为善，这样就会影响到丈夫的品行和思想。男人在外面再潇洒、再深沉，回到家也会原形毕露，因为家是最值得信赖的地方，是避风的港湾，是放松的地方。最了解他的应该是他的妻子，所以妻子的闲谈会在丈夫心中起到一定的作用，如果妻子正直，丈夫就会少出错，如果妻子贪小便宜，丈夫则难以清白。

家有长子，国有大臣

这句话是指家里的事情主要靠长子协助，国家的大事主要靠大臣辅佐。

久在河边站，就有望海心

这句话的本义是：和贤德的人在一起久了，自己受到贤德的人潜移默化的影响，也有成为贤德之人的想法。也就是想要向更广阔的天地，向更高的层次去发展。比喻不故步自封，追求进步的思想。

家贼难防

意思是说：外来的贼容易防范，家里人做贼则难以防范。比喻隐藏在内部的坏人不容易防范。

脚正不怕鞋歪

比喻自己行为端正，不怕别人中伤，不怕别人说三道四。与"身正不怕
影斜"是同一个意思。

今朝有酒今朝醉

今天有酒喝，今天就喝醉，明日愁来明日愁。这里比喻过一天算一天，
做一天和尚撞一天钟，也形容人得过且过，只顾眼前，没有长远打算。

君子爱财，取之有道

君子：有才德的人。君子喜欢正道得到的财物，不要贪图不义之财。意思
是说，钱财要从正规的渠道取得，不要去搞歪门邪道，那样得来的钱不干净。

靠人不如靠己

不要总是依赖别人，把一切希望都寄托在别人身上，而要依靠自己解决
问题。因为每个人都有许多事要做，再亲近的朋友、亲戚也只可能最大限度
地帮助我们，别人只可能帮一时却帮不了一世，所以，靠人不如靠己，最能
依靠的人只能是你自己。

靠山吃山，靠水吃水

山上、水里都有可以利用的自然资源，在什么地方，就要依靠那里的自
然资源。比喻自己所在的地方有什么条件，就依靠什么条件生活。

看时容易做时难

有时候看到别人做一件事情，好像是很容易，但是自己做起来却很难。那是因为人家掌握了做这件事情的要领。有经验有技术；而自己一窍不通，做起来就很困难了。

客随主便

客人完全依随主人的方便或安排而行事，不给主人添麻烦，这是一种做客之道。便：方便。也有入乡随俗的意思。

冷不靠灯，穷不靠亲

老话儿

但看这句话的意思很简单，"冷不靠灯"就是说冷的时候不能靠灯火取暖，因为灯火最大的作用是照亮，散发出的温度不足以温暖寒冷的身体，还要找别的取暖方式。"穷不靠亲"的意思是说一个人穷的时候不能光靠亲戚的帮助，因为亲戚的帮助是不长久的，所谓帮得了一时，帮不了一世，还需要自己来想把法解决。

这句话放在现在的社会仍然适用，是老辈人对后辈的一种告诫，告诫后辈人无论什么时候都不能过度依赖别人，一旦养成了过度依赖这种习惯，就很容易造成一个人好吃懒做，没有目标。

老不看三国，少不看水浒

老不看三国是因为三国里全是策略，老人看了会变得奸诈；少不看水浒是因为水浒太血腥，年轻人看了容易冲动。或者打架斗殴，杀人放火，甚至于造反。

留得青山在，不怕没柴烧

"青山"是因为满山的树木所致，只要山是青绿色的，就证明山上植被繁茂，也就能够得到用于烧火做饭的柴薪。用来比喻只要还有生命，就有将来和希望。

礼多人不怪

礼多人不怪，意思是说：对人多行礼仪，人不会怪罪。虽然礼节是不可欠缺的，但是客气话不管是否是真心的都要常说，多说，即使偶尔你有做得不对的地方，别人也会看在你平时的客气话的面子上而不与你计较。但要掌握度，客气话说得太多了，也会让别人感觉你很虚伪。

两口子没有隔夜的仇，床头吵架床尾和

两口子在一起过日子，没有马勺不碰锅沿儿的。发生了矛盾，可是日子还得过，晚上的觉还得睡，一口锅里的饭还得吃，堵着气的日子是没法过的。生活中的夫妻在不断发生的"矛盾"中加强了了解，加强了交流与沟通，从而增进了感情。总之指夫妻之间不是为原则性问题吵架的，都有着共同的目标，也是两人生活的一种磨合，生气闹矛盾也都是为了两个人，也是为了这个家，所以就有："夫妻没有隔夜仇。"

老牛吃嫩草，人老心不老

这句话一般用来比喻老夫少妻或者老妻少夫的婚姻中，年岁大的那个人，有讽刺的意味，现在看来含有偏见。

老嫂比母，小叔是儿

意思是把嫂子当做母亲般孝敬。有的人家，长兄和小弟弟年龄差距很大，父母死得早，小弟弟是嫂子拉扯大的，把小弟弟当自己的亲生儿子一般的疼爱，实际上起到了一个做母亲的责任。对于这样的嫂子，要像对待亲生母亲一样的孝敬。

老乡见老乡，两眼泪汪汪

意思是：背井离乡之人，久无亲情，万般辛苦，思念故乡。因为在异地见着老乡，就等同于见到家乡的山山水水、见到自己的父母和兄弟姐妹。

良药苦口利于病，忠言逆耳利于行

这句话的意思是说良药多数是带苦味的，但却有利于治病；而教人从善的语言多数是不太动听的，但有利于人们改正缺点。这句贤文旨在教育人们，要勇于接受批评，这样才有利于自己把事情办好。现在常用来说明应该正确对待别人的意见和批评。

老要张狂少要稳

人老是不可抗拒的自然规律，但人老要有精神。没有了精神支柱，就是真的老了。老年人要充满热情，拥抱生活，乐观向上，谈笑风生，思维敏捷，爱好众多，即使偶有小疾，也会很快被征服。"少要稳"是说，因为年轻人缺少社会经验，缺少阅历等很多方面的因素，所以在处理任何事情的时候就需要三思而后行，"稳"是给自己留有余地，给自己留点思考的空间，避免犯错误，尤其是避免犯原则性的错误。因此古人劝慰年轻人"少要稳"。

临阵磨枪，不快也光

是指事到临头才做准备，尽管不会很锋利，但至少比不磨更光亮，激励人们就算到了最后时刻也要努力一下。比喻遇到了困难之时，立即想办法解决，总比被迫去应付所受到的损失要小。这句话主要是在应对紧急突发事件时安慰自己用的。

浪子回头金不换

"浪子"原来指梁山好汉燕青，后泛指不受习俗惯例和道德规范约束的放荡不羁的人。这句话的意思是说，不走正道的人改邪归正后极其可贵。

明枪易躲，暗箭难防

明处来的枪容易躲开，暗中射来的箭难以提防。比喻公开的攻击比较容易对付，暗地里的中伤难以辨别。

明知山有虎，偏向虎山行

是知难而上的意思，表现为当你做一件事情的时候，遇到了挫折，没有被挫折吓倒，而是排除各种困难，继续去完成这件事。

宁给好汉子牵马坠镫，不给赖汉子做祖宗

这句话直观的解释就是，宁可给好汉做马夫牵马坠镫，也不做赖汉的祖宗，含义就是在与人合作的时候，要选对人。给好汉做马夫虽然地位卑微，但至少你可以学到一些好汉的本领，对自己也是个提高。如果当了赖汉的祖宗，虽然地位比马夫要高很多，但跟他没什么进步的机会，对自己的发展也

没有正面的促进作用。

拿人钱财，与人消灾

意思是得到别人金钱等好处，就得为别人办事。"钱财"是你为别人办事预付的报酬，拿了别人的钱财，当然就要给人家办事了，否则你就不要去拿。

宁失荆州，不失约会

意思是说：人要言之有信。即使是受些损失，也要兑现自己的诺言。如果说话不算数，那么以后就没有人跟你交往了。也比喻人要遵守时间，无论约会还是工作，都不要迟到。

牛无力拖横耙，人无理说横话

牛疲乏无力了，就不好好干活儿了；比喻无理的人故意胡搅蛮缠，不讲道理，把水搅浑，拿着不是当理说。

宁为玉碎，不为瓦全

"玉碎"被比喻为保持气节而牺牲；"瓦全"被喻为苟且偷生，丧失名节。宁做玉器被打碎，也不做瓦器而保全。比喻宁愿为正义事业牺牲，不愿丧失气节，苟且偷生。人们常用这句成语比喻宁愿保持高尚的气节死去，也不愿屈辱活着。

男子汉大丈夫，能屈能伸

能伸能屈，是指面对困境的一种选择，"屈"与"伸"都是工作方法，目的是取得最后的成功。

宁做鸡头，不做凤尾

意思是说：宁可在一个小环境中做个大人物，成就一番事业，也不要在大环境中做个小人物，默默无闻。

爬得越高，摔得越重

这句话的意思是劝人平淡最安全，不要贪得无厌，否则一旦失足，代价将是惨重的。

贫贱不能移，威武不能屈

语出自《孟子·滕文公下》。战国时期，纵横家流行，他们凭着口才和机智，朝秦暮楚，合纵连横，游说诸侯，取得高官厚禄。所以有人认为他们是"大丈夫"。孟子的回答很冷隽，他说："富贵不能淫，贫贱不能移，威武不能屈。此之谓大丈夫。"意思是真正的大丈夫，要有坚定的信念，不为荣华富贵所诱惑，不为贫贱困苦所改变，不为威胁暴力所屈服，这样的人才称得起大丈夫。这三句话，对后世有深远影响。

平时不烧香，急来抱佛脚

烧香礼佛是佛门的早晚常课，是平时积德修行的具体表现之一。如果平时恣意妄为，一旦到生死关头或大难临头，匆忙求佛，自然难以解脱了。原比喻平时不往来，遇有急难才去恳求。后多指平时没有准备，临时慌忙应付。

娶得起媳妇，管得起饭

在过去，媳妇一般是没有工作的，即使是现在"全职太太"也还大量存在。娶了媳妇就要有能力养活人家，否则就不要娶媳妇。

清官难断家务事

家庭中的事情烦琐复杂，因为公说公有理，婆说婆有理，家庭本来就是一个复杂的组合体，不用说中途来的外人，就是一个爹妈生的孩子性格也截然不同，所以诸多关系，远比社会上的小纠纷复杂得多，即使是清官，也无法判明是非。

请将不如激将

用话语刺激别人去干事，要比正面请他去干事来得好。"激将"主要通过隐藏的各种手段，让对方进入激动状态（愤怒、羞耻、不服、高兴）导致情绪失控，然后去做你想让他做的事。说到底，人是感情的动物，在人际交往中，必须想方设法调动感情的力量，来调动其热情和干劲。

强龙不压地头蛇

这句老话儿比喻有能耐的人也难对付盘踞当地的恶势力。也有"强龙不斗地头蛇""强龙不敌地头蛇""恶龙不敌地头蛇"等说。比喻虽为强大者，但也压不住盘踞在当地的势力。

强扭的瓜不甜

比喻条件不成熟而勉强去做，往往不会有满意的结果。瓜到了成熟的时候，自然就"瓜熟蒂落"，瓜蒂部分变得干枯，自动脱落，摘的时候很容易摘。如果是瓜还没有成熟，那么瓜蒂部分长得很结实，要想把瓜摘下来不是那么容易，需要使劲"强扭"。所以说强扭下来的瓜都是没有成熟的，当然就不甜了。因此"强扭的瓜不甜"就被人拿来形容"不顺其自然的事情不会有好结果"这个道理了。

亲戚远来香，街坊高打墙

越是住得距离较远的亲戚，互相之间关系处得越不错。而一墙之隔的邻居，往往筑起高墙把关系割断，这说明相处越多越容易产生隔阂。

巧人是拙人的奴

"巧人"指聪明人、心灵手巧的人。"拙人"指笨人。意思是说：巧人什么活儿都会干，而拙人却不会干活儿，所以就经常来求巧人替他干活儿。

谦虚免受闲气，狂妄多有事端

意思是，凡事低调一些，就不会和别人闹意见；如果争强好胜，往往会和别人产生矛盾。

强中自有强中手，能人背后有能人

高手之外还有技艺更高的人，比喻不要妄自尊大，目空一切，要谦虚谨慎，因为技艺无止境。

一章 见成句老话儿

人不知死，车不知翻

人如果不了解死亡的危险，就如同不知道车子会倾翻一样的危险。意思是说，人要注意安全。

人的名儿，树的影儿

指人有名字，就像树有影子一样。也指人的名声好坏都在外传扬，如同树的侧影，人人可见一样。名：指名字，也指名声。

人恶人怕天不怕，人善人欺天不欺

意思是说：人怕恶人，但是天不怕恶人，所以恶人作恶多端时，一定会受到天的惩罚。善良的人总会受到别人欺负，但是天不会欺负善良的人，最终善良的人会得到天的好报应。总之是叫人向善的。

人非圣贤，孰能无过

这句老话儿的意思是：一般人不是圣人和贤人，谁能永远没有过失呢？这里的"非"：不是；孰：谁。一般用于劝解别人以及自我原谅。

人逢喜事精神爽，月到中秋分外明

"人逢喜事精神爽"是指人遇到非常开心的事情时，压抑不住激动的心情，而喜形于色，在语言、行动上都表现出来；而"月到中秋分外明"则是"水到渠成""车到山前必有路"的一种同解，即遇事不用着急，到时候必然有办法；或该得到的总能得到；或不用急于证明什么，到时自然明白了。

老话儿

人过留名，雁过留声

意思是人虽然走了，其名却让人难以忘怀，如同大雁飞去，留下鸣声。比喻人的一生不能虚度，应做些有益于后人之事。

人靠衣裳马靠鞍

一匹马配什么样的鞍，骑着的效果很不相同，而一个人穿什么样的衣服也会体现出一个人的品位及内涵。意思很简单，就是说包装对于一个人或者一个企业来说是非常重要的。

认理不认人，帮理不帮亲

在是非面前，不被亲情、友情所左右，对就是对，错就是错。不能因为亲情、友情的关系而颠倒是非混淆黑白，坚持真理，不掺有私心杂念。做人要讲求公道，不徇私情。

人老心不老，身穷志不穷

人的年纪大了，但并不是就没有作用了，还有很多事情可以干。人穷但是不是没有志气，如果没有脱贫致富的志气，那就会永远受穷。

肉烂在锅里

这句话可以分为两个意思：好东西不能外流；坏事情不能外传，一切事情都在内部解决。

人挪活，树挪死

树挪动了，活的变死；人挪动了，死的变活（是指思想、思路、方法、工作岗位）。如果在原来的状态很难取得突破的话，不妨改变一下置身的这个状态，以前不可能的事情往往就变得可能了，以前我们认为的死路往往就变成了活路。

人平不语，水平不流

意思是说：人心平气和就不必诉说，犹如水平了就不流动一样。当一个人修为到家，心怀平常，自然就无闲话，无是非。而那些喜欢杂言碎聊的人，其实都是内心里的贪嗔痴慢疑的烦恼习气太重的缘故。

人穷志短，马瘦毛长

物质生活水平决定精神生活水平，所以人穷志就会短。物质生活水平低了，精神生活的水平也随着低了。马的毛都是一样长，瘦的毛看起来比别的马就长。意思是马瘦了毛病也就多了，人懒散了，志短了，穷毛病也就多了起来。比喻人境遇穷困，就会显得精神不振的样子。

人善有人欺，马善有人骑

好的品德是很重要的，但老实人总是在卑鄙的小人那里吃亏。我们总以为没必要为了点鸡毛蒜皮的小事争得脸红脖子粗，但是总被他们看成是傻子，好欺负。善良不是错，但不要懦弱，做人要有自己的原则底线，超过了这条底线，那就要保护自己了。

人为财死，鸟为食亡

意思是人为了追求金钱，连生命都可以不要；鸟为了争夺食物，宁可失去生命。

人往大处看，鸟往高处飞

人要站得高，看得远，顾全大局，不能够目光狭窄，只看眼前。人要有远大的志向，不要总是局限在一个小圈子里，而不思进取。

人往高处走，水往低处流

这是一句俗语，前一句"人往高处走"是表示人的志向和追求，人的本性是向上的，是要优于同类人并不断提升自己的。"水往低处流"是一种自然客观规律。在重力的作用下，水会自然往下流的。这是一句励志的话，是说人要是不努力、不奋斗就会像水一样只能往下流了。

人无头不走，鸟无头不飞

这句话的意思是：强调领导的重要作用，比喻没有领头儿的人，就办不成事。

人心不足蛇吞象

比喻人贪心不足，就像蛇想吞食大象一样。人贪心不足，就会被自己的欲望所害。

人心都是肉长的

这句老话儿是说人的本质都是善良的，重视感情。人皆有恻隐之心，惜贫怜弱。

人有悲欢离合，月有阴晴圆缺

形容的是月亮所有的状态，晴朗明媚，阴沉混沌，有月圆时，但多数时总是有缺陷。对悲观的人来说是劝慰和开解，圣洁无瑕的月亮，也有很多不完美的时候，何况平凡的人类呢？貌似很多时候的不完美，在明媚月圆的阴历十五，才被衬托得难得和可贵。凡事都不可能尽善尽美，就像天气有晴有阴，月亮有圆有缺一样。因为人是有感情的。如果人没有悲欢离合，就不会懂得珍惜二字了，正因如此人才会生活得有声有色。

人要不要脸，神仙也难管

一个正常人最重视的就是自己的脸面，也就是形象、尊严，如果有哪个人连脸都不要了，那么他什么出格的事都干得出来，也就无可救药了。

人有脸，树有皮

作为一个人，社会声誉，也就是"脸面"最重要，就如同树木一样，树木如果没有了树皮，那么这棵树是活不了的。

若要人不知，除非己莫为

要想人家不知道，除非自己不去做。指干了坏事终究要暴露。语出自汉·枚乘《上书谏吴王》："欲人勿闻，莫若勿言；欲人勿知，莫若勿为。"

人要实，火要虚

做人必须脚踏实地，事业才能有成；燃烧固体需要氧气，燃料需要架空，燃烧才能更旺。

忍字忍，饶字饶，忍字倒比饶字高

意思是说：人生在世，不要斤斤计较，要学会忍耐，忍受、忍让，以求得和谐。减少矛盾，少生事端，平安一生。

人走时运马走膘，骆驼专走罗锅桥

意思是人要靠运气，马要靠身上的肌肉，一般是在某人获得好事之后，评价对方运气好的无奈用语。

丧人出栋梁，生人不寝房

这句话的意思是指自己家的房子宁愿借给别人停丧，也不要借给别人用来生子。其实这句话没有什么科学依据，按照风俗的说法就是把房子借给别人停丧，去世的人会把屋子里的晦气带走。停丧之后，房子主人的运气会变好，而且后代也容易出现栋梁之材！也有积阴德之说。

但是如果把房子借给人家生孩子，刚出生的孩子是最纯洁的，有着赤子之心，会吸引财气，运气等吉祥之气，也就是会把房子原本的福气带走，对房主不好！所以，老人们才有"丧人出栋梁，生人不寝房"这种说法，与此有着相同意思的是："借死不借生！"还有人认为，"月子房，多污秽"，自己家无所谓，让别人给"污染"就不好了。

以上的说法虽然没有科学依据，但却是我国一些地区的风俗习惯，有这种风俗的原因和当时的环境有关，让人停丧是对邻居的帮助，而不让人生孩

子是由于以前的接生技术和医疗水平不高，容易造成母子出事，害怕惹上麻烦造成的。不过虽然是我们的传统，但是我们在讲究风俗的时候，也要讲究科学。在他人真正需要的时候，还是要伸出援手！

说别人是傻子，其实自己是傻子

意思是说：不要自作聪明，由于不理解别人的意图，而笑话别人是傻子，其实这恰证明了自己的无知。

谁吃饭也断不了掉饭米粒儿

比喻人都会犯错误的，就像吃饭会掉饭米粒一样平常。常用这句话来劝人，或者是自我安慰。

水大漫不过船去

做人要谦虚谨慎，不要妄自夸大，目空一切。作为下属，不能越级请示汇报，要先向自己的直接领导请示汇报，不要迈过自己的直接领导办事。

是福不是祸，是祸躲不过

意思是：事情的发展不是人力所能改变的，福来的时候挡也挡不住，祸来的时候躲也躲不过去。

谁家也没挂着无事牌

意思是说：每一个家庭都会遇到困难，都需要别人的帮助。所以要和周围的人搞好关系。

是人别变驴，变驴白肚皮

意思是说：有的人地位情况发生变化后，无论是发财还是掌权，会变得和以前不一样，有富人和领导的作风了，和之前的言行就会相反了。

杀人不过头点地

杀个人不过是头在地上碰一下，死亡没什么大不了的。是想告诫对方和自己，不要怕死。"杀人不过头点地"这句老话儿还有一种意思，是说不要把事做绝，对人不要太狠。"头点地"，本指人头落地或倒下，头部接触地面。用此语时，意为服帖垂首，不再抗拒之态。

谁人背后不说人，哪个背后无人说

意思是说：议论别人和被别人议论是一件极平常的事，对于别人对自己的议论，要抱"有则改之，无则加勉"的态度，不要过分计较，气量要大。听到了别人在背后议论自己，不要生气，想想自己不是也常常在背后议论别人嘛。

伸手不打笑脸人

意思是当你举起手要打犯错的对方时，对方已经在向你赔着笑脸认错了，这时候你就不忍心，也不好意思再去打人家了。当领导发火时，你赶紧主动道歉，就等于你已经举起了白旗，对方还忍心对准你开枪吗？就是两军交战，还有优待俘虏的政策呢。

识时务者为俊杰

这句话的意思是表示能认清当前形势和时代潮流的人才是英雄豪杰，才

算得上杰出的人物。

士为知己者死，女为悦己者容

男人愿意为赏识自己、了解自己的人献身；女人愿意为欣赏自己、喜欢自己的人精心装扮。

手心手背都是肉

意思是说：孩子都是自己的骨肉，都一样的疼爱，不能有薄有厚。对待儿子、儿媳妇也是一样，都是自己的孩子，要一样的疼爱。

谁也不是说话的把式

意思是说：每一个人都有说错话的时候，遇到这种情况的时候，要原谅人家。

身正不怕影子斜

一个人身子站得正，影子还是歪的。但是没人会因为你的影子是歪的就说你站得不正。身正不怕影子斜意思就是说，你如果做人正派正气，哪怕有很多人说你坏话都不用怕，因为你是正直的。通常是当遇到诽谤或对自己不利的言论时，为了证明自己的清白而说的话。

虱子多了不咬，债多了不愁

意思是：虱子太多了，痒肯定是痒，经常咬习惯了，就不知道痒了；债多了不愁：欠的钱太多了，还不过来了，就不去想了，装作没事一样了。其实这句话是贬义，是指人不上进，没有进取心的一种说法。

说嘴打嘴，嘴角底下挂棒槌

人不要吹牛说大话，也不要说不切合实际的话，否则就会出丑、尴尬，无法收场。

怂的怕横的，横的怕不要命的

怂：懦弱。横：强悍。不要命：不怕死。意思是指：每个人都有所怕的人。

锁君子不锁小人

"锁"是封闭的器具，是给君子看的，表示封闭了的东西不能动。"小人"并不遵守这种规则，溜门撬锁，盗窃财物是他们的目的。

死者为大

意思是：人死就该受到尊敬，不应该再议论人家的是非。

抬杠的不如打幡的挣得多

过去人死了送葬，抬棺木者称为抬杠，很重很累很出大劲，多由村中年富力强的中年人来承担此重任，肩上是直径比较粗大的木杠，所以称为"抬大杠"。"幡"是纸糊的，很轻，"打幡的"是孝子，死者的遗产由他来继承，当然要比"抬杠的"要"挣得多"。这句话的意思是劝人，少"抬杠拌嘴"打嘴仗，要和谐相处。

跳河一闭眼

意思是什么也不顾了，什么也不管了，豁出去了，爱怎么样就怎么样吧。

桃李不言，下自成蹊

蹊：小路。原意是桃树不招引人，但因它有花和果实，人们在它下面走来走去，走成了一条小路。比喻人只要真诚、忠实，就能感动别人。为人品德高尚，诚实、正直，用不着自我宣言，就自然受到人们的尊重和景仰。

投亲不如访友，访友不如住店

意思是说：只有自强自立自主的人才能真正得到别人（包括亲人、朋友）的尊重和支持。只有这样，才能更好地锻炼自己，使自己更快地成熟起来。

听人劝，吃饱饭

这句话的由来是别人请你吃饭，主人在饭桌上招呼你，只要你听主人的招呼，肯定能吃饱饭，甚至会吃撑着。如果你和主人假客气，那么饿着的就是你自己了。在老北京大家都很实诚，你说你不饿，主人就会认为你说的是真的，就不会再劝你吃饭了。这句话慢慢延伸为一种民俗格言：意思是不要固执己见，要善于采纳别人善意的劝告，如果别人说的是对的，那么就要虚心接受。

天塌下来自有高个儿顶着

这句老话儿意思是说某项事情或某种局面自有强有力者负责，大可不必为之担惊受怕。

老话儿

天有不测风云，人有旦夕祸福

"不测"：料想不到。"天有不测风云，人有旦夕祸福"这句老话儿，比喻有些灾祸的发生，就像是变化无常的天气一样，事先是无法预料的。

提着猪头找不着庙门

意思是想烧香，却找不到地方。比喻求人办事，不知道应该找哪个部门或者是哪个人。

兔子不吃窝边草

这句老话儿是说保护好周边环境，对自己生活是有利的。比喻为不要伤害自己身边的人或事物。

无功不受禄

没有功劳不收受钱财，官位，也比喻不白拿别人的好处，常用在拒绝别人的礼物时说。

无功受禄，寝食不安

没有功劳而得到俸禄，良心上是过意不去的。也比喻没有替别人做事，但是却得到了好处，受到良心的谴责。

无利不早起

这是个中性词语，形容人的自私心理，如果起得早没有什么好处，谁又

会去起早呢？在很多情况下，起早是辛苦的，特别是在寒冷的季节里，从暖烘烘的被窝里出来，走到一个冰冷冷的世界，如果没有一种让人有动力的东西在，也是寡有情愿为之的。

外头给人家跪着没人看见，把钱挣回家就是爷

形容挣钱的艰难。不要嫉妒人家取得了辉煌成绩的荣光，其实这都是通过艰苦的奋斗换来的。

物以类聚，人以群分

事物按照其种类而聚集到一起，成为一个系统。这是物以类聚，他和"人以群分"是近义词，这都是它的表面意思。直白一点说就是一样的东西放在一起，一样的人聚在一起。通常是这样的，但也有例外，不过做起来会很难，因为在一个好的环境中，我们会不自觉做到最好。而在比较坏的环境中，你如果按正常人办事，会带来各种阻力，时间长了，自然也就会变坏了。后来人们常说的"物以类聚，人以群分"表示同类的东西总聚集在一起，还比喻坏人互相勾结。

响鼓不用重锤敲

一面上乘的鼓，鼓面质量好，不用很大的劲敲就会很响。比喻一个头脑比较有条理的人，有了缺点或错误，只要提醒就会更正缺点或错误。

心里没闲气，不怕冷糕米

人只有不做坏事，才能保持内心的安宁平和；如果做了坏事，就很可能杯弓蛇影，惶惶不可终日。

老话儿

124

血浓于水

亲情是靠血脉来联系的，血的浓度大于水。引申意：亲情重于一切。

喜事叫，丧事到

喜事叫：这句话的意思是在农村，有人结婚的时候，只有在别人邀请你去参加婚礼的时候你才能去，如果没有邀请，是不能参加的。这是因为农村有很多的要求，所以农村在结婚的时候会算好什么才是良辰吉日。而且人们相信有一些人会和这些时辰相克或者是犯了新人的一些忌讳，所以不会邀请这些人，而这些人也不能自发到场。虽然现在看来是迷信，但是很多人还是保持"宁可信其有"的态度，毕竟这和以后的幸福生活相关！

丧事到：死亡对于一个人来说代表一生已经结束，所以农村和逝去之人之间无论生前有着什么样的矛盾，在这种时候都会选择忘记。邻里之间不用邀请也都会自发的前来烧纸吊唁，也会搭把手看看能不能帮到一些忙，让逝者的葬礼举办的非常顺利，不出现任何的麻烦。其实这时候往往也能让之前的矛盾释怀，增加邻里之间的感情。

相识满天下，知心有几人

意思是说：在世上，认识的人或许有很多，但是，能交心，互相真诚相待的人就很少了。

许愿不还愿，早晚受埋怨

比喻人要言而有信，说了不算，等于骗人，就会受到别人的指责，那么今后就不会再有人相信你了。

雪中送炭，强似锦上添花

雪中送炭：比喻在别人急需时给以物质上或精神上的帮助。锦上添花：比喻好上加好，美上添美。

眼不见，嘴不馋；耳不听，心不烦

这句话是指远离贪欲，心里就会平静，不馋不烦。

有仇不报非君子

指的是人必须有血性，对那些侵犯人们正当权益、作奸犯科的小人，君子们必须对之进行抵制和惩罚，不能姑息养奸。热血沸腾的人们，必须恩怨分明。

越待越懒，越吃越馋

意思是说：劳动会产生劳累，美食比普通饭食好吃。但是人不要贪图安逸，贪图安逸会产生不良后果。

言多语失

话说多了就难免有说错的地方。

衣服新的好，人是旧的好

这句话的意思很简单，顾名思义：衣服是外在形象，肯定新的好；人的感情深浅是积累的过程，感情深，彼此之间可以交心，别人可以给你帮助，所以人是旧的好。

有福之人不落无福之地

真正有福气的人，不会落在没有福气的地方，意思是有福气的人不论到
了哪里都有福气。

有理走遍天下，无理寸步难行

意思是说：无论做什么事情，都要以理服人，用理性解决冲突。有理才
能走遍天下，无理寸步难行。无论做任何事情，都要心存理解，处处为别人
着想，遇到无理搅三分者，更多的是用理说服此人。

与人方便自己方便

人在世上，难免都会遇到困难。此时，如果你向身处困境中的人伸出友
爱之手，给他善意的帮助，他不但会乐意接受，而且会心存感激。人家有困
难，你帮助了人家；你有困难的时候，人家也会帮助你。当然，要帮助别人，
你就要付出一些劳动，或是受到一些损失，但这点付出和损失是完全值得的。

有上不去的天，没过不去的关

在生产、生活中，人们经常会遇到困难，但是不要被困难所吓倒，不要
惧怕困难。有困难要想办法去解决，只要方法对，就一定能够战胜困难。

要想好，大敬小

长辈、领导、年长之人，放下身段，放下架子，去爱护、尊重晚辈、下

级、年纪小的人，这样更会赢得对方的尊重。

有福之人不用忙，没福之人跑断肠

有福的人无论遇到什么挫折都会时刻地享受着生活，而无福之人总是为了生活而奔波着。这就是享受与奔波的距离。

忠臣不怕死，怕死不忠臣

这句话是指忠义的大臣不怕为国捐躯，怯懦怕死的大臣不可能为国尽忠。出处：元·无名氏《抱妆盒》二折："常言道：'忠臣不怕死，怕死不忠臣。'我是保护潜龙掌命司，我怎肯指攀你来。若昧了前言啊！天不盖地不载，日月不照临。"

做得正，惹人敬

品行端正的人，就会受到别人的尊敬，因为你的所作所为符合社会大众的利益。

在家不欺人，出外无人欺

意思是无论在家还是外出，都不要招惹是非。

在家不行善，出门大风灌

这句话的内涵，是劝人行善，避免将来遭到报应。是生活中常用的俗语，也用于调侃自己的倒霉。

老话儿

只见活人受罪，谁见死人升天

活人受罪是常事，死人升天无人见。指受罪的当然都是活着的人，人们的一切努力，应该只为了活人。

在家敬父母，何必远烧香

中国自古就有：百善孝为先。孝道是天之经，地之义，民之行也。一个人要是连孝敬父母的感恩之心都没有的话，想要做好任何事情都无从谈起。

在哪儿跌倒，在哪儿爬起来

现实来讲，一个人跌倒后在没人帮助的情况下必须要站起来，才能继续前行；生活中是指，当一个人在一件事上受到挫折后信心会受到打击，如果没有在受挫折时战胜它，那内心会产生阴影，所以要在遇到挫折时勇敢面对它并战胜它，哪怕失败了，也要锲而不舍地去攻克（前提是你的努力是行得通的）。

贼人胆虚

比喻做了坏事的人心里总是不踏实。

在人房下站，哪敢不低头

这句话的原意是，在别人的房檐下避雨，就是房檐低一些，也要低头忍耐。比喻在别人的手下工作，就要受别人的气，受到委屈的时候，自己要忍耐。

这山望着那山高

这句老话儿是指爬上这一座山，觉得那一座山更高。比喻对自己目前的工作或环境不满意，老认为别的工作、别的环境更好，是嘲讽语。

宰相肚里能撑船

这是一句劝人的话，为人要心胸非常宽广，能容人所不能忍，能够倾听不同的意见，能够容忍他人对自己的权威的漠视，这个人的心胸实在不是一般人能想象的，达到了无与伦比的地步。

贼走关门

比喻事故发生后才采取措施。

知足常乐，能忍自安

知道满足就常常觉得快乐，能够容忍就自然觉得安定，很少欲求就能正直不惧，懂得包容就能胸怀博大。表现了一种豁达的心理，这也是一种养生之道。

6. 气象常识

有关天气方面的老话儿，是指民间流传的关于预测天气变化的词语。人类在千百年来一直想预测准确的天气预报。口述与笔记的历史充满韵文、轶事与词语来指示明日天气是天朗气清还是风雨飘摇。不论是要耕种的农民，贸易的商贾还是其他人，能否预知明日的天气已是成败的关键。在现代预测仪器发明以前，收集任何有关天气的预测数据均是极为困难的。尽管有可提供温湿度变化预测的工具，但最可靠的预测天气的方法仍是人类的经验。

门朝南，子不寒；门朝北，主受罪

在农村，房屋建造讲究多，其中在北方地区，冬季严寒多西北风，而夏季闷热多雨多东南风，因此老农在选择房屋的布局时，要考虑冬季的保暖，与夏季的干燥通风。其中俗语"门朝南，子不寒；门朝北，主受罪"的含义是，以坐北朝南的房为佳。要根据当地的气候条件，选择更适合居住的房屋布局！

霜降见冰碴

到了霜降节气，气温会下降到摄氏零度，可以看尽薄冰了。

下雪不冷化雪冷

下雪水结冰，要释放热量，所以人们感觉不算太冷；而融雪冰融为水，要吸收热量。故而下雪不冷化雪冷。

小雪封地，大雪茫河

这是气象知识，进入小雪节气，土地就开始封冻了；到了大雪节气，河流就开始冻冰了。

早看东南，晚看西北

大气中的空气也随地球运自西向东运动。晚看西北，如果西北天空黑云滚滚，说明接下来要有降水过程，天气将转坏。如果西北方是晴天，则接下来天气将转好。早晨起来看东南，如东边天气好，这说明坏天气将过去，接下来天气晴好；如果东边天气不好，很可能随着南边的天气向北发展，天气逐渐转坏。

早立秋，冷飕飕；晚立秋，热死牛

民间认为如果立秋时间在上午，则天气凉爽；立秋时间若在下午，天气就还要热上一阵。气象部门表示，影响天气的因素很复杂，目前的气象监测尚不能肯定。但如果副热带高压在南落过程中长时间控制南方地区，就会出现"秋老虎"。

7. 生产经验

生产是指人类从事创造社会财富的活动和过程，包括物质财富、精神财富的创造和人自身的生育，亦称社会生产。狭义生产仅指创造物质财富的活动和过程。千百年以来，老百姓在生产劳动中，总结出来了许多经验，通过老话儿的形式，流传至今。

长木匠，短铁匠，不长不短是石匠

说明不同行业和加工对象的特点。木工配料及部分工序要留有一定的余量，宁长勿短，宁大勿小。铁匠打铁，物件短了可以加铁，所以说不怕短。石匠的物件做好了，就不能改了，必须要不长不短。

唱戏不唱旦，做活儿不做饭

做饭不容易，因为众口难调。过去唱旦角的都是男人，男人扮演女人由于性别的差异，要想演得像，是很不容易的。另一种解释是：指人要有高远的目标，不要在要求不高的地方耽误前程。

带根儿的多栽，带嘴儿的少养

"带根儿"是植物，例如庄稼、果树等，能够给你增加财富；"带嘴儿"的指动物，例如猫、狗等，要吃东西，消耗你的财物。还有一点，"长根儿"的能给主人容时间，而"长嘴儿"的一天不喂也不成，不管刮风下雨，都得伺候它。

好树开好花，好秧结好瓜

树种或者是树长得不好，是不会开出好看的花朵的；瓜秧长势不好，也不会结出好的瓜来的。意思是说做事情有好的基础，才能得到好的结果。

旱枣涝梨

从字面上让人并不难理解，赶上干旱的年头，对于喜沙耐旱的枣树结枣挂果来说并无大碍，反而果实更甜。涝梨，顾名思义是指在雨水大的年头里，梨树上挂满硕果累累的丰收产物。只有雨水大的年景，结出来的梨汁液饱满，才更好吃。

木匠怕摸，瓦匠怕看

木匠怕摸：在农村的木匠，那可是不用钉子就能做出一套家具的高手，靠着榫卯连接，结实还好看。而想要用榫卯连接，就要求木板平整顺滑，打眼精确。这对木匠的刨子、凿子使用功力都有很大的要求，一旦使用不好，拿手就能摸出来，是否平整，是否有毛刺！所以一些技术不好的木匠害怕被人用手摸！

瓦匠怕看：农村的红砖大瓦房现在也几乎很少见了，所以现在做瓦的也很少了。做瓦时对瓦片的弧度掌握要十分的精确，因为一旦弧度不正确，那瓦片与瓦片之间就没有办法完美贴合，一旦下雨的时候，就会漏水。而且这种情况一看就能发现，因为瓦片会翘起来，所以才有"瓦匠怕看"的说法！

人老了奸，驴老了猾，兔子老了不好拿

这句话还有一个版本叫做"人老奸，马老猾，兔子老了鹰难拿"也有的说是"人老奸，猫老滑，兔子老了鹰不拿"，这句话的字面意思很容易理解，就是一个人活得久了就奸猾，我们有个成语"老奸巨猾"也是这个意思。马（驴）越老越滑头，不愿意干活。兔子老了也不好抓了，俗话说"狡兔三窟"，也是同义！

这句话虽然看似是贬义，其实是告诉我们一个人经历的事多了，经验自然也就丰富了，懂得了一些事情中的弯弯绕，能用最省时省力的办法解决事情，也不像年轻人那样锋芒毕露，为人处世都非常圆滑，所以给人一种狡猾奸诈、不干实事的感觉！

头不顶桑，脚不踩槐

在过去，农村的房子多用木头搭建，用榫卯来连接，这反映了我们先辈高超的技艺。在那时，房屋建造过程中，不仅要考虑房屋的舒适性，往往也要体现对美好生活的向往！而房屋的建造者也多根据主人的要求来建造，这也是为何有"三分匠人，七分主人"的说法！在农村，过去木结构的房屋，桑树是不能上梁的，原因在于"桑"与"丧"同音，头顶桑木不雅，也不好听！而在过去，家家户户的房屋都有门槛，而这个门槛的木材选择也不能使用"槐木"。原因在于，在农村丧葬时，槐木多用作"哀杖"，寓意不好！

桃花开，杏花谢，谁管梨花叫姐姐

是说杏花先开，其次是桃花开，梨花开得最晚。

天空不起屋，地空不葬父

在农村，凡是一些重要的活动，一般都要选择"好"日子，也就是常说的良辰吉日或黄道吉日！比如说，盖屋、葬坟这都是很重要的日子，因此对于时间很有讲究。在农村俗语说"天空不起屋，地空不葬父"，它的含义是，根据民间紫薇星斗计算，凡是"空"日不适合进行一些重要的活动！其中，天空日和地空日就是其中之二！

淹不死的白菜，旱不死的葱

这句农谚告诉了我们一个道理：白菜和葱在生长的过程中对水分的要求是不同的。

虽然说法有点夸张，但是道理还在！

白菜需要的水分比较多，即便是水淹都不会死，而大葱就比较耐旱，即便是大旱天气也不会死。

像白菜、菠菜等常被人们称为"水菜"，就因它们含水比一般植物多，白菜，原产在气候湿润的地区，它的根一般短而细小，扎在土壤表层，吸水能力弱，但它的叶子多，叶面积大，所以水的蒸发量大，消耗的水分多，需要补充的水也多。因此栽种白菜必须经常浇水，满足它的生长需要，才能长出鲜嫩的白菜。

葱，显然它的根入土很浅，但它的叶子长成筒状，叶片蒸发量比白菜少得多，加上葱叶表面有层蜡保护，水分蒸发就更少了，所以它比较耐旱。

8. 家庭和谐

家庭是指在婚姻关系、血缘关系或收养关系基础上产生的，亲属之间所构成的社会生活单位。家庭是幸福生活的一种存在。在以前家庭大多是自给自足，满足家庭成员的大多生理、心理的需求的单位、群体，融有经济生产、安全保卫、教育、社会化、宗教等功能，进行物质、人口、精神财富再生产。如今家庭的部分功能由教育、宗教等其他社会设置分化了。但功能主义者认为家庭的社会化、感情陪伴、经济合作、性规范功能依然为社会的良性运行起到重要的作用。和谐是家庭存在的充分必要条件，自古以来人们就十分重视家庭的和谐。因而关于这方面流传下来的老话儿也有很多。

大不过新婚，小不过孝子

其实，这句俗语的含义是说，新婚当日是人一生中最重要的一天，因此新婚之日，对于新郎与新娘来说也是最重要的一天，这一天不管有什么事也不能耽搁良辰美景，可以说这是一个人最受尊敬的时候！在结婚礼俗中，结婚这天，新郎是"官"，新娘为新人，二人是喜事里首要的核心人物。而就"孝子"来说，俗语"孝子磕头，满地乱流"，也就是家中老人过世，孝子跪

137

棚，不论辈分，都得扣头行礼！

大门对头坟，子孙恐世劳

大门的建造在农村一直最被看重，在农村人看来，房屋的大门就是像人体的通道，是家庭出入的主要通道，比如多宽、多窄、多高都有所讲究，都会随着房子的大小和位置来建造大门，而大门方向更是能影响运势，是否能飞黄腾达。因此大门在修建时最忌讳正对坟墓，因为在农户的心里觉得除了不舒服外，更认为有出门见丧之意，长此以往的话，会影响后代的运气，难有出头之日。

恩爱夫妻不久长

再恩爱的夫妻也会出现矛盾，也有出现感情淡漠或者感情疲劳的时候。只有平平淡淡才是真，磕磕碰碰在所难免，也是再正常不过的事情了。问题的关键是夫妻双方如何看待这些矛盾，如何处理这些矛盾，不断地为夫妻关系补充营养，去除病毒，永葆夫妻关系。

儿女满堂，不如半路夫妻

就是说自己失去另一半时，子女再多长大后都要成家过自己的日子，自己和儿女在一起，多少有些不方便。特别是自己生病的时候，"久病床前无孝子"，自己不如找个伴儿，这样可以一起过日子，相互帮衬。因为很多的时候自己的老伴儿才知道自己真正需要的是什么。

富不迁坟，穷不改门

农村人对坟墓一直都比较看重，视为祖宗根基，尤其是那些有钱人，这些人都认为是祖坟的存在让自己发家致富，让自己有了今天的成就。富人有钱了之后也不会想着将自家的祖坟重新迁出，认为这样的话就会影响到子孙后代的运势，让这个家庭就此衰败下去。

住宅则是象征着一个家庭是否能够运势亨通，因为房屋有着聚财的作用，而大门则是财气和福气的入口。很多农民都期盼着通过不断地改门，改变自己的家庭财运。但实际上穷人本身就比较穷，又如何支付的起改大门的费用？与其有这种想法，倒不如踏踏实实地干活赚钱，借助外物只会让自己越来越穷。

夫妻本是同林鸟，大难来时各自飞

比喻人都是有私心的，人与人之间，平安无事的时候和谐相处，一旦出现了大灾大难，私心就暴露出来了，各想办法，以维护自己的利益，对于他人就不管不顾了。

父债子还

父辈的债务，由子女负责偿还。也指父辈的过错累及子女。

父子不同席，叔侄不对饮

在农村，俗语"父子不同席，叔侄不对饮"，讲述的是农村的一种"酒桌的规矩"。在农村过去讲究"父为子纲"，父子之间的关系十分微妙，毕竟在过去俗话讲"棍棒出孝子"谁还没挨过父亲打呢？因此，在酒桌上，因为是喜庆的气氛往往会开很多的玩笑，"荤的素的"都有，因此，由于父子有别，很容易尴尬！而叔侄不对饮，也体现了对长辈的尊重，同时两个辈分的人，也容易产生一些代沟，在沟通的时候也多有尴尬！

闺女大了不可留，留来留去结怨仇

男大当婚，女大当嫁。女儿早晚是要出嫁，到婆家去的，这是很正常的，如果父母挽留她们，那就耽误了她们的青春，阻碍了她们的幸福生活，女儿必然会和父母产生矛盾，会恨父母的，甚至会离家出走，再也不回来了。

姑娘是脸朝外的人

女儿早晚是要嫁人的，出嫁之后就面向婆家了，对娘家的关心就少了。

孩子要打，媳妇要夸，老人要好好说话

孩子要打：很多的老人对孩子的教育都比较推崇"棍棒教育"，认为"棒打出孝子，娇养儿无后成""人不打不争气"这样的观点是正确的，认为孩子犯错就要打，才能让他们知错。但是这种观点在现在是有些过时的，现在的孩子接触外界的机会多了，性格方面也更加的叛逆，如果再受到父母的体罚，或许会更加的变本加厉。所以作为父母，最好的教育方法不是手里的棒子，而是自己的言行，以身作则才是教育孩子最好的方式！

媳妇要夸：这是现在很多男人都在做的行为，夸老婆是现在男人必备的素养。俗话说"女子顶上半边天"，自己把老婆夸的开心了，能表明老婆在自己心中的地位，不但家庭生活幸福美满，也能增加老婆前进的动力。

其实中国传统文化中，也有"当面教训子，背地无人再教妻"的说法，即当着外人面，要给老婆留面子，有批评的话，要等到只有两个人时再讲道理。

老人要好好说话：老年人的生活观点和年轻人的生活观点是不一样的，所以有些事情在老人看来是不好的。但是对于老人我们要有最大的耐心，好好和他们说说现在的生活方式，而不是不予理睬，甚至冲他们发脾气。更何况随着年纪的增大，老人会越来越"任性"，希望能有人陪他们说话，所以

老话儿

也希望大家在有时间的时候多陪老人说话，也多说一些他们想听的好话！

家鸡打得团团转，野鸡打得满天飞

人们常常会把这句话用到人们的婚姻里，意指"男人"和"妻子"及"情人"之间的关系。那就是把自己的妻子比喻成家鸡，把做情人的女人比喻成野鸡。从字里行间我们不难看出，丈夫与妻子吵得再凶，或是大打出手，也还是一样抱成一团成为一个家，和情人或是因为一句话，或是不吵不闹，也会劳燕分飞。

姐走了，门槛儿断；哥死了，侄不亲

意思是：如果姐姐过世后，那么自己和姐夫的关系也就断了，基本上不会再有来往，一来两人没有血缘上的关系，二来姐姐的孩子又是外姓的人！而哥哥去世以后，哥哥的孩子，又隔了一层关系，渐渐地不太来往，慢慢地都会疏远。不过在老农看来，这些说法略带偏颇，亲戚的远近更大程度上是来自于双方是否常来往！即"走得勤，就亲"。

男人是个耙子，女人是个匣子

意思是说：夫妻之间有明确分工，男人的职责是挣钱，女人的责任是理财。二人各尽其责，分工合作，只有这样才能够把家里的日子过好。

娶媳妇如同接财神

这句话的意思是说：当家理财是媳妇的一个重要职责，一般的男人都不会过日子，没计划地乱花钱。娶了媳妇之后，男人挣来的钱就有人管了。另外，媳妇能够帮助丈夫赚钱，这种媳妇是"旺夫命"，会使家庭发达，把这

样的媳妇娶进了门，岂不就等于是把财神接进了门吗？

少年夫妻老来伴

"少年夫妻老来伴，执手相看两不厌"。历经岁月，互相搀扶，最终才能找到爱情的真谛。俗话说老有所依，执子之手，与子偕老。年少的时候是夫妻，等到了老年才是人生真正的伴侣，年少的夫妻有可能因为某种原因离异，可是真正到了老年，才是人生相互支撑的开始，那种是几十年如一日的磨合，是一种习惯，是一种浓浓的亲情，是一种融入生命的东西，是一种割舍不断的生活习惯。

小别胜新婚

意思是说，两口子因为有了感情，分别了一段时间后再见的时候，比刚刚结婚的时候还恩爱。

远亲不如近邻

是农村非常古老的一句谚语，说的就是邻居对自身生活的重要性，亲戚虽然好，可是毕竟离自己远得很，真有什么事儿往往什么忙也帮不上；可是邻居就不一样了，邻居平时就生活在你家隔壁，你家有大事小情人家可以第一时间帮助你就是这个道理。那现如今为什么这句话就不管用了呢？那是因为我们社会的生活环境发生了变化，这句"远亲不如近邻"是很久以前农村老辈人留下的，那时候农村的都是沾着亲带着顾，邻居之间都是一块儿相处了几十年的老哥们，就算不是亲人也像是亲人了；可是现在不一样了，年轻人都城市化去了，留在农村的都是老弱病残，农村渐渐衰落下去了。

生活在城市里都是单元楼，谁也不认识谁，都是老死不相往来，再加上现在人的生活都是快餐生活，甚至是"打包生活"也就造成了"远亲不如近邻"这句话渐渐地失去了它的时代意义！

早不说梦，晚不梳头

老辈人认为晚上梳头是一种非常不吉利的行为，会招惹一些不干净的东西近身，容易对身体产生不良的影响！在现在看来完全就是迷信，很多人在晚上洗完澡之后都会梳头发，而且晚上梳头发会使头部得到一定的按摩，让头脑放松，更加容易入睡。

为什么不能说自己的梦？这是因为人们认为做梦是对自己生活的一种"预兆"，如果是美梦也就算了，可一旦是噩梦，说出来之后万一成真的，那就太不好了。当然这也是一种迷信，毕竟做梦只是自己心理的一种潜意识的表露，很多梦境的行为都是人类无法做到的。而且咱们在做完梦之后很容易就会想不起来自己的梦。所以如果早上的时候说自己的梦，就会让自己本来很清晰的大脑陷入一个比较模糊的状态，让自己的一天都是浑浑噩噩的，浪费时间、精力！所以说早上不说梦！

9. 养生健身

"人"是物质财富和精神文明的创造者，因而"人是世界上第一个可宝贵的"。有一个健康的体魄才能够去创造财富，长久以来，人们在医疗卫生、保健养生方面总结出来的许多经验和教训，通过语言代代相传，从而形成了这方面许多的老话儿。在有关这方面的老话儿中，大多数都具有一定的科学道理，但也有一些与医疗科学是不相符的，因而，对于这方面的老话儿，我们既不能全盘继承，也不能全盘否定，要以现代科学的观点，审慎对待。

病从气上得

人的一生当中，如果遇到不好的事情，如家庭不和、疾病伤害、亲友死别、天灾人祸、意外损伤等，不仅会使人产生对抗性情绪也会使人趋于心理封闭，不愿在他人面前表现出心里的真实状态，把什么事情都憋在心里，从而导致身体疾病。

病来如山倒，病去如抽丝

指病发起来很突然，像山崩一样，而要康复却很慢，像从蚕茧里面抽丝，得病容易，治病难。泛指对某一件坏的东西修复，相对它的毁坏来讲是一个缓慢的过程。

吃饭先喝汤，老了不受伤

喝汤可以润滑食道，对肠胃有好处。而且饭前喝汤有饱腹感，能少吃点，有研究表明，吃七成饱还能增加寿命。而且先喝汤还会稀释你后吃的饭中的油脂和盐分。

春捂秋冻

这是人们维护身体健康的经验，有一定的科学道理。"春捂"就是说春季，气温刚转暖，不要过早脱掉棉衣。冬季穿了几个月的棉衣，身体产热散热的调节与冬季的环境温度处于相对平衡的状态。由冬季转入初春，乍暖还寒，气温变化又大，俗话说"春天孩儿脸，一天变三变"，过早脱掉棉衣，一旦气温下降，就难以适应，会使身体抵抗力下降，病菌乘虚袭击机体，容易引发各种呼吸系统疾病及冬春季传染病。

秋季气温稍凉爽，不要过早过多地增加衣服。适宜的凉爽刺激，有助于锻炼耐寒能力，在逐渐降低温度的环境中，经过一定时间的锻炼，能促进身体的物质代谢，增加产热，提高对低温的适应力。同样道理，季节刚开始转换时，气温尚不稳定，暑热尚未退尽，过多过早地增加衣服，一旦气温回升，出汗着风，很容易伤风感冒。

当然凡事皆有个度，"春捂秋冻"并不排除根据气温变化。人们的体温总是要保持三十七摄氏度左右，一方面靠自身调节，同时也要靠增减衣服来协助，如果春末和深秋，仍捂得很多或穿得过于单薄，这样的"春捂秋冻"就过分了，每年的三月和十一月是呼吸道疾病的高发季节，一方面是气温变化大，同时与衣着调适不当也有很大关系。上下身没什么区别，关键在于全身机体是否协调。

第一章 见成句老话儿

吃药不忌嘴，跑细了先生的腿

此处"忌嘴"是指服药期间的饮食禁忌，人生病服药期间，要遵从医嘱或仔细阅读说明书，注意上面所注明的禁忌。在食物中，有许多对于病情、药物是有影响的，有的会降低药效，有的会加重病情，有的甚至于还会与药物发生反应，合成毒素，产生副作用。中药典籍中许多药物都载有饮食禁忌，直到现在，许多中成药的说明书上也都注明了忌食的食物。

冬吃萝卜夏吃姜，不用大夫开药方

中医认为：冬天，人们吃油腻食物过多，但运动量较少，因而易生痰热，且消化不良，这个时候吃萝卜，有利于发挥萝卜的药用效果，清热化痰、消积除胀。

夏天，人们往往吃较多的生冷食品，并且较多接触潮气，容易损伤脾胃阳气，食欲不振、疲乏无力。此时吃姜，可以发挥姜的药效，散寒祛暑、开胃止泻。

刀越磨越亮，人越练越壮

比喻人坚持锻炼的重要性，只有坚持体育锻炼，身体才能更加健康。推而广之，对自己从事的工作的技能也是如此，干得多了，才能够熟练。

儿的生日，娘的难日

孩子过生日是一件高兴的事情，但是不要忘记，孩子在出生之时，也正是母亲开肠破肚饱受痛苦的时候。因而孩子要牢记母亲对自己的生养之恩。

老话儿

饿了不洗澡，饱了不剃头

刚刚吃饱的时候，就端坐着不动，还要根据理发师的要求把身体动来动去，这是不利于消化的；洗澡指沐浴和游泳，此时皮肤和四肢的血管扩张，消耗能量较多，还可能由于流经心、脑的血液量减少，不能供给充足的能量，而引起头晕或心衰，饥饿时血糖偏低，能量供应已经不足，所以不适宜在饥饿时再做消耗体力的事情。

话多劳神

这种说法，符合中医基础理论，是中医养生的基本内容。孙思邈说："养老之药，耳无妄听，口无妄言，心无妄念，此皆有益老人也。"目清耳静省言则神气内守，若目弛耳躁妄语，则神气烦劳。金元四大名医之一李东垣专门在他的《脾胃论》中列出一篇《省言箴》。他说："气乃神之祖，精乃气之子，气者精神之根蒂也，大矣哉！积气以成精，积精以全神，必清必静，御之以道，可以为天人矣，有道者能之，予何人哉？切宜省言而已。"同时，口水也不可浪费。涎为脾之液，古称玉津，应该嗽之而咽下，于养生也是很有好处的。

老猫房上睡，一辈传一辈

有些东西是从祖宗那里传下来的，是遗传，代代相传，也有动物天性的意思。就像老猫一般都是在房上睡觉一样，仔细观察，猫，特别是小猫，一般是在农家的房檐上睡觉，这里没有动物打扰，很安全。例："你爸爸就是能说会道，到了你，又是这么能说，这可真是老猫房上睡一辈传一辈啊。"

梦是心中想

这也不一定，要看你是不是害怕什么，还是惦记着什么。这种情况造成你的紧张，在晚上睡觉时心情回放，就会造成你所说的梦。

男怕穿靴，女怕戴帽

民间把下肢水肿叫做"穿靴"，把头面部水肿称为"戴帽"。也就是说，男同志的水肿从脚肿起，女同胞的水肿从头面肿起。当心脏病病人发生心力衰竭时，静脉压升高，毛细血管静脉端压力也随之升高，组织液回吸收减少，过多的液体潴留在组织间隙，就会发生水肿。由于重力作用，人体下肢静脉压最高，所以，心脏病病人发生水肿最先出现在下肢，即从脚肿起。而肾病水肿与心脏病水肿的机理不一样。比如慢性肾炎是由于大量蛋白从尿中流失，使血浆胶体渗透压降低而发生水肿。而眼睑等组织疏松的部位组织压力较低，液体更易渗出，因此这些部位的水肿出现最早，也最为明显。所以，肾病患者的水肿多从头部的眼睑、颜面肿起。由此可知，发生在下肢的水肿应考虑是心脏病，而头面部水肿应警惕肾病，并非男女区别所致。所以，"男怕穿靴，女怕戴帽"的说法是没有科学依据的。

偏方治大病

千古验方系人民大众在实践中总结与创造出来的。有的称为民间偏方、土方。经过数年无数次实践和应用，确实具有"实用、简便、省钱"之特点。故有偏方治大病之说，并非没有道理。但是，使用偏方前，最好是咨询一下医生，自己不要胡用乱用，以免因错用而耽误了病情，甚至于危及生命。

老话儿

胖人喝水都长肉，瘦人吃什么都胖不了

"胖"，一部分可能是天生的！大多数情况还是和运动、血液循环、身体情况自我调节分不开的，没有绝对的胖子和瘦子。

气大伤身

生气和抑郁都是人们日常生活中常见的一种情绪，通常人们说的生"闷气"、发"闷躁"就是此类情绪的表现。抑郁和胡乱发脾气都是一种不良情绪，这种不良的情绪对人的心理及身体都会造成很大的危害。

勤剃头，勤刮脸，有点倒霉也不显

意思是说：人要注意个人卫生，勤剃头，勤刮脸，人会显得很精神。

人老不以筋骨为能

这句话的意思是说：人老了，就不能逞强，做自己体力所不能的事情了。筋骨，是支持人体力的最主要因素，所以，筋骨被用来指代体力。

人老猫腰把头低，树老焦梢树叶稀

指人老了弯腰驼背不精神，就像树老了枝梢枯萎不再繁茂一样。焦：焦朽，枯萎。

人老先老腿

因为人的根本是肾脏，整个人体的器官都需要肾脏的供养，年老和日常

生活的恶习等会损耗人的肾精，那人的器官就跟着肾精的损耗而变慢，腿主要是靠心脏血液循环的，又是离心脏最远，所以腿先老。

人死病回

一些人在临死之前，会出现回光返照，症状消失，好像是病好了一样，其实这是死亡的信号。

日月穿梭催人老

意思是：快速飞驰的时光，追赶着少年，催促着老人，快点勤奋工作。

身大力不亏

形容人身体高大，力气不会小。

睡觉不点灯，早起头不晕

睡觉点灯会刺激人的神经，使人睡不好觉，早晨起来就会头晕；熄了灯睡觉，人才能睡得踏实。

睡前洗脚，胜吃补药

睡觉前用热水洗脚能刺激末梢神经，促进血液循环，供应更多的养料和氧气，及时排除人体积存的废料和废气，起到消除疲劳、改善睡眠和提高记忆力的作用。

岁数不饶人

这句老话儿是说年岁渐老，体力、精力都随之而衰退，乃是必然现象。这里的"不饶"，就是说不会不衰退。

忘了梦，去了病

一些噩梦是因精神忧虑所引起的，这是一种病态，排除了精神压力，病症也就好了。

小病不治，大病难医

小病小痛的时候不去医治，等到发展成大病的时候就很难治好了。人有小毛病，就要及时纠正，否则会养虎为患，等到发展严重了，铸成大错，后悔就晚了。

洗脚如浇花

浇花是给花提供所需要的养料和水，使花能够茁壮成长。人的脚上有很多穴位，洗脚可以刺激这些穴位，去除一些病痛，使人健康。从这个意义上来说，浇花和洗脚的作用有相似之处。

有病乱投医

患了病心里着急，到处乱找医生。比喻人遇到事情，胡乱地到处找人帮忙或出主意。

有钱难买老来瘦

裤带的长短与寿命的长短成反比。裤带长（胖子），寿命短。人都追求长寿，老年人比壮年时一般都要胖一些，甚至胖得多，而瘦的人比胖的人寿命长。由此，人们总结出"有钱难买老来瘦"。其实也不是越瘦越好，体重不足是营养不良的明显表现，胖与瘦都要依据科学制定标准。

药食同源

是指许多食物即药物，它们之间并无绝对的分界线，古代医学家将中药的"四性""五味"理论运用到食物之中，认为每种食物也具有"四性""五味"。"药食同源"是说中药与食物是同时起源的。《淮南子·修务训》称："神农尝百草之滋味，水泉之甘苦，令民知所避就。当此之时，一日而遇七十毒。"可见神农时代药与食不分，无毒者可就，有毒者当避。

牙疼高，腿疼短

牙疼时，往往都伴随着牙根肿，一肿，就把牙抬高了。合牙床时，有病的牙先碰到，感到疼痛，觉得牙长了；腿疼时，走路更疼，疼得像每走一步腿被踮了一下，就好像腿短似的。

原汤化原食

在中国的饮食传统中，一直有"原汤化原食"的说法。老人们在吃完捞面、水饺之后，都要喝点原汤。营养师认为，"原汤化原食"这种说法，从营养学角度来说是有一定道理的。

治了病，治不了命

这里的病是指的症状，命是指的生命。也就是说有些病的症状可以去除或缓解，让患者不再感觉那么难受，但生命还是无法挽留的。比如肺源性心脏病，可以缓解喘咳心慌，但最终还是要因为呼吸衰竭或循环衰竭而失去生命。所以有时医生会说"治了病，治不了命"这样的话。

枕头不选对，越睡人越累

睡觉是为了休息。如果枕头不适合自己，过高或者过低，过软或者过硬，都会影响睡眠的质量，使人感觉越睡越累，并且影响身体健康，容易造成颈椎病。

一　常见成句老话儿

二 不成句老话儿

　　有一类老话儿也就是熟语，是不能够提出来单独成句的。如果提出来单成一句话，则表达意思不明确，别人不知道你在说什么，要表达一个什么意思。这一类熟语只能用在话语中，在一定的语言环境中，起到一个比喻的作用，加强语言的表现力。这类老话儿的数量也不少。

板儿上钉钉

这句老话儿的意思是：确定之后，不能再改变。以此喻其牢固。多用于承诺与约定中。如："我卖他买，过三天订合同，已经是板儿上钉钉的事了。"

不分青分皂白

皂：音造，黑色，比喻不分是非，不问情由。又作"不问青红皂白"。"不分青分皂白"这句老话儿，是说不论是非曲直，一律责罚或惩处。如："出了这件事儿，厂长不分青红皂白，下令二车间一概扣除本月奖金。"

不冷不热

指温度不高不低，冷热适中。亦比喻对人态度一般。

拔了蒿子显出狼

把蒿子拔掉了，狼就没了藏身的地方，自然就露出来了。比喻不给坏事留下滋生的土壤，给坏人留下干坏事的环境。也用来比喻真相是隐藏不住的，剥去所有隐藏事物的时候，真相就会显露出来。例如："那几个起哄的一散，可就'拔了蒿子显出狼'，谁也瞧得出来，准是他的主谋。"

老话儿

拔了萝卜地皮宽

比喻为了行事方便，而把碍眼的事物去掉。也比喻为了扩展地盘，而排挤别人。例："我们还是尽快解决，拔了萝卜地皮宽，免得他碍事。"

别来这个哩格儿楞

这句老话儿是以胡琴花腔过门之声，比喻人的耍滑、弄手段。如："你别来这个哩格儿楞，我不吃这一套！"

不温不火

不冷淡也不火爆，形容平淡适中。例如：他们两个人的关系一直不温不火。

白眼儿狼

狼以生性凶狠著称，一直被作为凶残冷血的象征，也就是不通人性，而在群狼中尤以长着"吊白眼"的狼最凶狠。"白眼"，是说没眼珠看不到眼前的东西，瞎眼。把这两个词放在一起，就是说瞎眼睛的，没人性的意思。现在多用来形容忘恩负义、恩将仇报的人。

不知道哪一边的炕头儿热

比喻分不清哪一边对自己更有利。例："你别不知道哪一边儿的炕头儿热，我才是真正地关心你呢！"

二
不
成
句
老
话
儿

鼻子不是鼻子，脸不是脸

这句老话儿，字面上的意思是：显示恼怒之色，是向对方有意发作，表示反感、厌恶、恼恨。经常用来形容一个人无理生气，弄得别人不知所以然。如："他爸爸晚上回来，鼻子不是鼻子，脸不是脸，也不知为了什么。"

白水窦章

这是《百家姓》里的一句四个姓氏，原文是"柏（bó）水窦章"，北京人借"柏水"俩字特意念成"白水"，形容茶水不酽的意思。例："您给我们预备的这是什么茶呀？连点色（注：shǎi）儿都没有，合着我们上您这儿白水窦章来啦！"

吹笛的，捏眼的

这句老话儿是由"吹鼻儿捏眼儿"演变而来。原是赞扬人有多种演奏才能，后来演变为了"摆谱儿"，即讲究体面、阔气，以显示身份的复杂场面。如："这点小事还值当三个人干，一个吹笛儿的，一个捏眼儿的，摆什么谱呀？"

重打鼓，另开张

这句老话儿，即"重整旗鼓""改弦更张"之意。比喻事业彻底革新。如："经过这一番改组，咱们的工作可要重打鼓，另开张了。"

拆东墙补西墙

意思是拆了东边的墙，以修补西边的墙。比喻临时勉强应付，亦比喻临

老话儿

时救急，不是根本办法。

唱对台戏

过去，两个戏班子为了抢生意，有时候会在同一时间演同样的戏，称为唱"对台戏"。比喻采取与对方相对的行动，来反对或搞垮对方。

吃官饭放私骆驼

意思是：以干公事为名而谋取私利。"官饭"：指拿国家的工资。例："他吃官饭放私骆驼，开着公车去拉私活儿。"

吃惯了嘴儿，跑惯了腿儿

吃惯了嘴儿，跑惯了腿儿，指贪吃贪玩儿一旦成了习惯，就难以改变了。例：常志等《快板书西游记》九回："诸位，有句俗语：'吃惯了嘴，跑惯了腿。'孙悟空偷吃蟠桃，一次，二次，三次……越吃越想吃，越偷胆越大。"

丑话儿说在头里

这句老话儿是指协商办事时，对需要严格遵守的条件，不能客气、通融，不能含糊其辞，开始即讲清楚，以便引起注意，避免事后不愉快，就叫"丑话儿说在头里"。如："丑话儿说在头里，如果你们过期不还，以后就别想让我们支援你们什么了。"

吃了横人肉

这句老话儿是指责人说话态度蛮横无理。如："你吃了横人肉啦？为什

么这样对待顾客？"

吹气冒泡儿

这句老话儿，借以形容忘乎所以地自吹自擂。如："瞧他那吹气冒泡的神气，真是不知天多高，地多厚！"

成事不足，败事有余

指办不好事情，反而把事情弄糟。例："他是个成事不足，败事有余的人，什么事都不能放手让他去干。"

出淤泥而不染

这句老话儿，是说莲花从淤泥中生长出来，自己却不被淤泥沾染，用以比喻不受污浊世俗的沾染，保持纯洁、高尚的节操。语出宋代学者周敦颐的《爱莲说》。

创业容易守业难

创业和守业展现的是两种不同的过程，体现的是两种不同的心态。在创业的初期，一心想的是怎样把自己的事业做起来，那时候的心态是有冲劲的，是有激情的。可是当你有了自己的事业的时候，更多的是想在把握住现在的成果后，如何更好继续发展，这时心态就会显得保守一些。创业后如果不去想怎么去继续发展，也许接下来就会倒退，甚至灭亡。你在一无所有的时候，无所畏惧，拥有很多的时候，就会患得患失。

揣着明白装糊涂

这句老话儿，言其假装糊涂，以应付对方。如："问他什么，他都说不知道，其实他是老内行，他是成心揣着明白装糊涂。"

陈芝麻，烂谷子

这句老话儿是比喻多年以前的琐碎旧事、旧话。如："老太太们在一起聊大天儿，左不是陈芝麻、烂谷子，都是些老话儿。"

吃着碗里，瞧着锅里

这句老话儿，形容贪得无厌的形态。如："她哪儿有个知足，眼下的生活不错了吧？可还是吃着碗里，看着锅里，想这想那。"

矬子里拔将军

从现有的并不出色的人中选择最优秀的。例："我们也只有矬子里拔将军，挑选几个稍微满意一点儿的就行。"

蹬鼻子上脸

这句老话儿是指不顾及礼貌的，得寸进尺的嘲弄、调笑，例如"讪脸"，但并非小儿无知，而得出于不严肃、对人不尊重。如："你对他和气一点儿，他就蹬着鼻子上脸地跟你开玩笑，真是个没有教养的人。"

打开天窗说亮话

比喻无须规避，公开说明。例如："咱们打开天窗说亮话吧，我就是不同意你这么干。"

当面鼓，对面锣

这句老话儿是说双方面对面地商谈或交涉。如："与其隔着手，不如咱们当面鼓，对面锣地讲一讲。"

大事化小，小事化了

经过妥善的处理，将大事化成小事。如果是小事，那就解决掉。

大事明白，小事糊涂

意思是说：大事为大局，为人处世，大局要清楚；而小事为关系，或者一些细节上要注意。该你管的时候你管，不该你管的时候就要装糊涂，以免被人误会。

打死卖盐的

这句老话儿是说菜肴口味太咸。如："这碗炖肉没法儿吃，简直是打死卖盐的了。"

点头之交

这句的意思是谓交情甚浅，见了面只不过点点头而已。例："我和他只不过是点头之交，没有什么交情。"

灯下黑

原意是：灯具下面的阴暗区域。古时人们的灯具多用碗、碟、盏等器皿，注入动、植物油，点燃灯芯，用于照明。照明时由于被灯具自身遮挡，在灯下产生阴暗区域。该区域的特点是离光源很近。古代的蜡烛和后来的煤油灯，由于下面有蜡烛座儿和油灯座，灯光是照不到那里的。其中的物理原理是光在同一种均匀介质中沿直线传播，光在照射不到的区域形成影子。所以就叫灯下黑。引申为：1. 人们对发生在身边很近的事物和事件反而不能察觉。2. 负责打击非法行为的机关内部，本身易于存在非法行为，如缉毒机构的人员参与贩毒，公安人员参与黑社会。3. 现在也多用来指越是危险的地方反而越安全。

打着灯笼没处找

这句老话儿，指难得的人才。如："多好的小伙子，打着灯笼没处找，快托王大妈给咱们玉莲提一提亲吧！"

刀子嘴，豆腐心

比喻说话刻薄、言语尖利，但心地柔和、宽厚仁慈。嘴上说的很难听，其实心里也在滴血，这样的人很善良。嘴上说的和心里不是一样的（是指在说狠话的时候）。

风马牛不相及

原来指齐楚相距很远，毫无干系，就如同马与牛即便走失，也不会到对方的境内。比喻事物彼此毫不相干。

风声儿大，雨点儿小

比喻计划做得很好，宣传的力度也很大，但是缺少实际行动，或者落实不得力。例："他还是那个老毛病，风声儿大，雨点儿小，虎头蛇尾，最后还是不了了之了。"

公说公有理，婆说婆有理

公说公有理，婆说婆有理：浅意比喻"公"与"婆"双方争执，各说自己有理。又喻很难观点一致。深意是支持"公"的人们觉得"公"说得有道理。支持"婆"的人们认为"婆"说得有理。旁观者一时也无法判断谁对谁错。

黑不提白不提

原意是：在围棋里面一方是黑子，一方是白子，双方都不动手提子，形容态度暧昧、立场不坚定。事情办得不清不楚。例句："你总是不娶我，还总让我住在你家，这样黑不提白不提的算什么！"

酒不醉人人自醉

指人纵酒而自醉，纵欲而自迷，并非酒色本身之过。

记吃不记打

这句老话儿是说贪利忘害。如："这个人还是喜欢接受人家的礼物，拉拢关系户，把前两年所受的处分全忘了，真是记吃不记打。"

脚大赖孤拐

孤拐，指颧骨，亦称"孤踝"。脚腕两旁凸起的部分。比喻事情办不成，不从自身去寻找原因，而把原因归结于客观条件不利。

鸡蛋里头挑骨头

这句老话儿，比喻无端寻衅，吹毛求疵。如："嫌我端去的茶太烫了，这不是鸡蛋里挑骨头吗？"

教的曲儿唱不得

别人教给自己的话说不得，因为并不一定符合自己的身份；别人教给自己的方法不一定有效。意思是说，人要自立自强，用自己的头脑去思考问题。

今儿个就是今儿个了

这句老话儿，决心就要今天兑现，不等以后了。如："今儿个就是今儿个了，你要是还不还钱，我就把你们家的电视机搬走！"

酒后无德

指醉酒之后胡言乱语或行为出格。例：清·曹雪芹《红楼梦》第四十五回："平姑娘，过来！我当着大奶奶姑娘们替你赔个不是，担待我酒后无德罢。"

借花献佛

用别人的花进献给佛陀，比喻用别人的东西做人情。例："李总，今天在老王的家里喝酒，我就借花献佛，先敬您一杯了。"

敬你是神，不敬你什么都不是

意思是说：为人不能够太自以为是了。别人尊重你，你才是个人物；如果大家都不尊重你，那你就没有什么价值了。

见钱眼开

这句老话儿，形容贪财者，见到财利就高兴得一切不顾的丑态。如："这家伙见钱眼开，当时就满口答应了。"

酒肉朋友

指在一起只是吃喝玩乐而不干正经事的朋友，这种朋友不可深交，因为在你遇到困难的时候，他们是不会真正帮助你的。

井水不犯河水

朱旺景区位于旌德县蔡家桥镇境内，现为国家 3A 级旅游景区，是中国传统古村落。享有"小桥、流水、人家"美誉的古村朱旺建于隋末唐初，村内现存 47 座保存完好的明清古建筑，拥有省保单位绍训堂、垂裕堂、朱溪河、九井十三桥及县保单位五子登科楼、凫山书院、豫立义仓、步云居、官厅、当铺等景致。村中的朱溪河由北而南穿村而过，十三座由巨大的麻石条搭成的石桥横贯河上，九口形状各异的水井卧于河中，为皖南古村落中绝无

老话儿

仅有的独特风景，"井水不犯河水"的典故就是出自该村。

"井水不犯河水"：比喻各管各的，互不相犯。

俭省莫求人

意思是说：俭省是自己的事，不需要别人帮助。

鸡贼

指小气、吝啬，上不得台面。或特别能算计，特别抠门儿，暗藏私心的意思。还有另一个意思，就是：狡猾、耍小聪明，同时还带着点猥琐。

客不欺主

意思是说：到别人家里去做客，不要妄自尊大，不礼貌。要尊重主人，尽量不要和主人的意愿相悖。

快刀斩乱麻

这句老话儿是说面对纷繁复杂的、乱无头绪的问题，采取果断的措施加以解决，不拖泥带水，用来比喻治乱有魄力。

语出《北齐书·文宣纪》。故事说，南北朝时，北齐文宣帝高洋小的时候，父亲高欢曾给孩子们出过一道难题，给每人一团乱丝，让他们把丝理顺，以此来考察孩子们处理事务的能力。接过乱丝后，别的孩子都在耐心地理丝，只有高洋抽出刀来，把乱丝一刀剪断。父亲问他为什么要这样做，高洋理直气壮地说："事情纷乱复杂，必须当机立断，不得犹豫。""快刀斩乱麻"就是从这个故事中归纳出来的，是从"快刀斩乱丝"演变而来的。

宽打窄用

意思是比喻做计划要留有余地。计划做得较宽裕，在实际使用时能有节余。例："为避免造成积压，机关造预算要实事求是，不能宽打窄用。"

看家的本事

这句老话儿是说自己最擅长、最拿手的技能，不肯轻易显露，只在极必要时才施展出来的本事。如："治这种病，可是马大夫的看家本事。"

看人下菜碟儿

"碟子"，是比盘子小，底平而浅的器皿。看人，根据不同的人；下菜，是把做好的菜端来放在桌子上。一般都是用此话的引申义，比喻不能一视同仁、待人因人而异，根据不同的人给予不同的待遇。如："刚才张三来，你就高接远送的，跟对待我兄弟大不一样，这不是看人下菜碟儿吗？纯粹是势利眼。"

客随主便

就是说客人不要让主人麻烦，主人怎么方便就怎么弄，不要搞得主人很烦，是一种客气的说法，也就是听从主人安排的意思。

开小差

开小差又叫溜号，原指军人脱离队伍私自逃跑，现在常用来比喻擅自离开工作岗位或逃避任务的行为，犯开小差罪，比喻思想不集中，做事不专心。

老话儿

驴唇不对马嘴

意思是言语支离，不合情理，不合事实，或比喻所答非所问，事物彼此对不上。如："他的供词驴唇不对马嘴，有不少破绽。"

驴粪蛋，外面光

主要是说没有内涵只有外表光鲜，做事只注重外表。相同的言语还有"绣花枕头看着好看"……

老虎还有打盹儿的时候

就是再有本事的人也有粗心大意的时候，就是自以为在某些方面已经很小心了，但是一不留神还是会犯错的。

老家雀让小家雀给攥了

意思是说：年岁大，经验丰富之人，却着了年轻人的道儿。

姥姥不疼，舅舅不爱

一般姥姥和舅舅是那一辈里最疼爱孩子的（传统的观点）。像外甥女出嫁，舅舅出力出钱最多，就说明了这一点。如果连这两种人都不疼不爱，这个孩子实在是不讨人喜欢啊，那就太悲惨了。

姥姥村儿，舅舅店儿

意思是说：姥姥、舅舅是自己最亲近的。姥姥和舅舅家想去就去，想走

二　不成句老话儿

就走，如同住客店一样的随便。

离了鸡蛋就做不了槽子糕

槽子糕亦称"鸡蛋糕"，天津和北京传统风味糕点。用鲜鸡蛋加适量白糖、面粉、香料入模烘烤而成。小圆饼状，顶部棕红，底部微黄，入口松软清香。这句话的意思是：离了谁都无伤大雅。例："你别自以为是了，觉得离开你不行。离了鸡蛋还做不成槽子糕啦？这件事我们已经办好了。"

老天爷饿不死瞎家雀

是一句人们经常听到、经常说的话，往往是在遇到困难时就马上能够说出来，目的是用以激励当事人树立信心说眼前的困难是可以克服的，这句话非常简单地点明了瞎家雀都可以生存的事实，告诉人们连瞎家雀都可以生存，何况一个人呢，讲出了无论什么条件下保证能够生存的通俗道理。

没吃过猪肉还没见过猪跑

常用来比喻人们事情虽然没有亲身经历过，但是也听说过、见识过，略有了解。例："你没吃过猪肉也没见过猪跑？这是微信，怎么连这个也不知道？"

猫儿腻

老北京土话，指事情的马脚，漏洞，不合常理的方面。猫"溺"即猫尿，大家一直误传把"溺"写成了"腻"所以才会不理解，猫溺者，猫之隐藏之物，不见光！偷偷摸摸，藏藏躲躲！另一种意思是：阴谋诡计。例如：

"我看你们这里边有猫儿腻。"

没有过不去的火焰山

意思是说：没有过不去的坎儿，没有克服不了的困难，一切最终都能得到解决。可以是事业、学习、爱情、生活等等各个方面。常用在鼓励别人的话语中。

拿得起放得下

指心理状态，有事情，能够承担；该解脱的时候就解脱掉。就是遇到"千斤重担压心头"时，能把心理上的重压卸掉，使之轻松自如。

你有来言，我有去语

意思是说：你有对我说的话，我有回答你的话。这句话无所谓褒贬，只是对话双方唇枪舌剑，用北京话说就是："哪句话也不能让它掉到地上，都接得住。"

恼在心里，笑在面上

意思是说：对某件事或者是别人说的某句话，心里边恼怒，但是在表面上并不表现出来。

藕断丝连

藕断丝连：比喻表面断绝了关系，但在实际上仍有牵连，多指男女之间情思难断。

赔本儿赚吆喝

意思是宣传没有起到预期的效果，如同做小买卖的，吆喝了半天，根本就没人来买，没有赚到钱。

破罐子破摔

指已经弄坏了的事就干脆不顾，而任它发展下去。或成绩不好也不管了，不求上进。破罐子：比喻坏了贞操的女人或名声不好的人。比喻已经弄坏了的事就干脆不顾及了。例如：莫应丰《将军吟》第 15 章："不能讲怪话，千万千万，不要拿破罐子破摔的态度。"

拍马屁拍到了马蹄上了

意思是说：本意是帮人说话，或者奉承人，结果把话说错了，反而惹得别人不高兴，或者是人家根本就不喜欢奉承。

骑虎难下

这句老话儿，比喻事情中途遇到困难，为形势所迫，又难以中止。

瘸驴儿配破磨

意思是，赖汉子配丑女，两个人都有毛病，谁也别挑谁，就凑合着过了。

勤能补拙

这句老话儿是说自己生来笨拙，所以用勤来弥补智力的不足。今有自谦之意。

请神容易送神难

意思是：到店里去请（买）一个神像很容易。但是家里人事不顺利要送走瘟神却很困难。

这句话最早出现在唐代安史之乱时，朝廷为了平定安禄山、史思明的叛军，但自己军力又不够，就请了北方的少数民族回鹘的军队来帮忙平乱。少数民族见泱泱中华有利可图，便欣然前来。但等到叛军平定后，却并不愿意退回北方了。伸手向唐王朝要钱要粮，要军费、要女人等等。由于唐王朝才被安史之乱弄得筋疲力尽，哪能满足他们那么多无理要求，结果回鹘兵又血洗长安，烧杀抢掠，把大唐的都城搞得乌烟瘴气，皇帝也不得不再次出逃。为了平定内部的祸乱，请来外面的回鹘兵，结果弄得不成样子，这就是"请神容易送神难"的例子。比喻有些人，有些势力，不到万不得已的时候，不要轻易请别人来帮助办事，只怕更生事端。

牵着不走，打着倒退

这句老话儿是比喻人不肯努力上进的。如："这孩子就是不好好念书，天天监督他写作业，也不好好做，牵着不走，打着倒退，真让人操心哪！"

人不犯我，我不犯人

在别人没有侵犯到自己合法权益的时候，不要主动去侵犯别人。

热锅上的蚂蚁

形容人心里烦躁、焦急，坐立不安的样子。如："李四躲在张三家，听不见外面的一点儿消息，急得像热锅上的蚂蚁。"

撒丫子

北京方言称脚为脚丫子，称丫子。撒：放开，意思是抬腿走开或奔跑，有时亦有"开溜"之意。例："在关键时刻，他却撒丫子了。"

事半功倍

事半功倍，意为只用一半的工夫，而收到加倍的功效。形容用力小而收效大。

树大根深

用这句老话比喻，人经过多年经营，人脉、社会关系等方面都会很深厚。

说大话，使小钱儿

这句话的意思是说：表面慷慨，其实吝啬，表里不一致的行为。如："这个人说大话，使小钱儿，我算是看透了他。"

水到渠成

意指水流到之处便有渠道，比喻有条件之后，事情自然会成功，即功到自然成。

手大捂不过天来

这句话比喻：既然是你做了这件事，即使是你再有本事，也是隐瞒不住的。如："这事还是让他侄子知道了，手大捂不过天来，阴谋终于败露了。"

树根不动树梢白摇晃

意思是说：只要根本不动，枝节的摇动，改变不了大局。

生疖子硬挤

疖子还没有成熟，硬要把里面的脓血挤出来，会很疼的。比喻解决问题的条件还没有成熟，硬要解决，困难会很大。

水流千遭流大海

河流因地形所限，而是弯曲的。但是尽管千回百转，最后还是要汇入大海的。

势利眼

势利眼又称"看人头"、势力眼。人与人交往中，不看本质，以官职、衣冠、钱财取人，媚富贱贫、趋炎附势的势利心态。有谚"看见大，得朝拜；看见小，踏一脚"，就是对势利眼的嘲讽。

水涨船高

水位升高，船身也随之浮起。比喻事物随着它所凭借的基础的升高而增

长提高。

身子都掉井里了，耳朵还挂得住

意思是说：事情的主体都已经失败了，枝节的胜利是无济于事的。

死店活人开

意思是局面能否开展得好，关键在于人的心理活动，开动脑筋就能打开僵局。

死鸡拉活雁

就是拖死算了的意思，表示拖累别人。也表示，以小能力干大事，很困难。

贪多嚼不烂

这句老话儿，比喻学习内容过多，不易理解、记忆，反而效果不好。如："一个暑假才多长，你让孩子报那么多学习项目，贪多嚼不烂，哪个也学不好。"

听风就是雨

这句老话儿是指听见一点新闻，就夸张地传。如："这些人听风就是雨，经常瞎胡说。"

藤萝绕树生，树倒藤萝死

藤萝盘绕在树上，能把树木缠死。但是树木倒了之后，藤萝就失去了生长的依靠，自己也就死了，意思是说：害人如害己。

土埋半截儿

这句老话儿，谓人过多半生，已经衰老。如："我已经是土埋半截儿的人了，以后全指望你们了。"

天上不会掉馅饼

本来，世界上就没有不劳而获的事情，就如同天上不会掉馅饼一样，但是很多人却总是期望奇迹会发生在自己的身上，他们将之称为上天对自己的恩赐，其实这种事是几乎不会发生的。

太岁头上动土

比喻触犯强大有力的人。太岁又称岁阴。是古代汉族人民在天文和占星中虚拟的一颗与岁星（木星）相对并相反运行的星。尔后，演变成一种神祇信仰。并且，汉族民间传说太岁运行到哪儿，相应的方位下会出现一块肉状物，是太岁星的化身，在此处动土，会惊动太岁，所以汉族人俗语有"不能在太岁头上动土"一说。

语出杜佑《通典》。据说，在北魏道武帝时已立了"神岁十二"，即专祀十二个太岁。按旧说法，太岁之神在地，掘土兴建工程要躲避太岁的方位，否则就要遭祸。

二 不成句老话儿

贪小便宜吃大亏

贪：贪图，即极力争取得到某种好处。小便宜：一点点小小的利益好处。吃大亏：遭受大的损失。整条意思是：为了贪图一点点的利益，却遭受到重大损失。也说"贪小便宜吃大亏，不图便宜不上当"。

无本难求利

"本"指本钱；"利"指利润。做生意是需要本钱的，本小则利小，本大则利大，无本则无利。

无酒不成席

意思是说：外出聚会或访友，没有美酒就不称为"开席"，好似缺点什么似的。因为酒是聊天的媒介，聊天是为了彼此之间增进感情。

无利不起早

意思是说：没有利益的回报，人是不会付出的。

往里傻不往外傻

是说某些人，对自己有利的事情不犯傻，对自己没有利的事情一个劲装彪卖傻。

为他人作嫁衣裳

比喻空为别人辛苦忙碌，自己得不到一点好处。《红楼梦》第一回："甚荒唐，到头来都是为他人作嫁衣裳。"

玩物丧志

玩：玩赏；丧：丧失；志：志气。常用来指醉心于玩赏。玩物丧志，意指玩弄无益之器物易于丧失意志，贻误大事。

无心说话有心听

意思是说：说者无意，听者有心，是指说话的人不是有心的，听话的人却认真计较。

小不忍，则乱大谋

这句话有两个意义，一个是人要忍耐，凡事要忍耐、包容一点，如果一点儿小事都不能容忍，脾气一来，做出不适合的事情来，那就坏了大事。许多大事失败，常常都由于小事搞坏的。另一个意思是，做事要有忍劲，狠得下来，有决断，有时候碰到一件事情，一下子就要决断，坚忍下来，才能成事，否则不当机立断，以后就会很麻烦，姑息养奸，也是小不忍。这个"忍"可以作这两面的解释。

咸不咸，淡不淡

不咸不淡，平平淡淡、普普通通。指冷言嘲笑。

邪不压正

不正当的、不正派的压不倒正当的、正派的事物。

179

香臭不分

比喻不能够明辨是非。例："他这个人香臭不分，还跟着那帮子人跑呢。"

想吃别怕烫

意思是说：要想获得某种利益，就要有所付出。

习惯成自然

事物发展的规律性，做事的方法习惯了，就很难以改变，也就成为很自然的事了。

心急吃不了热豆腐

意思是说：办事情不可操之过急，要等待适合的时机，急于求成是办不好事情的。如："别催了！心急吃不了热豆腐，下星期你再来吧！"

小频讨人嫌

意思是说：碎嘴唠叨会使人厌烦。

小题大做

是指把小事当作大事来办，有不值得这样做或有意扩大事态的意思。这句老话儿是由"用小题目做大文章"引申而来的。

先小人，后君子

字面意思为先做小人，后做君子。指先把计较利益得失的话说在前头，然后再讲情谊。后引申为：生意谈妥之前，该注意的事项都要提前说好，免得开始很大方随和，什么条件都答应，后期做不到而损人不利己，是谓"先小人后君子是也"。

夜不闭户，路不拾遗

意思是夜黑不用关窗，没人进屋去偷东西；道路上遗失的东西没人捡拾。是形容人民生活富裕，社会风气良好，人民的文明程度高。

烟不出，火不进

这句老话儿是形容不爽快、不爱说话、性格迟钝的人，如同火炕烟道不通，出不了烟，进不了火。如："我就怕这路烟不出，火不进的人，没个痛快劲儿。"

言必信，行必果

这句老话儿，意思是说出话来一定要算数，行动起来一定要果断、坚定，取得成果。

盐打哪儿咸，醋打哪儿酸的

意思就是要去真正理解说话人说的话的意思，理解事物的本质，说白了就是要学会察言观色，一句话不能只理解其本意，要看说话人的真正本意。另一个意思是说：要弄清事情的起始缘由。

言多语失

话说多了，就难免有说错的地方。

衣服穿破，别让人家戳破

意思是说，要做好人，不要做坏人，让别人在背后戳脊梁骨。

有福同享，有难同当

幸福共同分享，苦难共同分担。指患难与共，同舟共济。

越渴越吃盐

指本来就很困难了，因为某件事使得困难加重，和"火上浇油"的意思相近。

眼里不揉沙子

比喻眼亮心明，能看出事物的端倪来。例如："我眼里不揉沙子，他那一点儿伎俩，我一眼就看出来了。"

眼里插棒槌

往眼睛里插棒槌是谁也受不了的意思。例如："你这事儿干的，这不是给我眼里插棒槌吗？叫我怎么承受得了啊！"

羊群里出骆驼

这句老话儿有两个意思。一是指出类拔萃。如："我们村有个自学的青年，考上了北京大学，真是羊群里出骆驼，不易啊！"

二是借以讥嘲。如："你都十九啦，还和七八岁的孩子一起玩儿，这不是羊群出骆驼，有兴趣吗？"

盐是骨头碱是劲

做拉面的时候，必须要在面粉里面加入食用碱和食盐，以加强韧性。

欲速则不达

欲：想要、希望；速：速成；达：成功、达到目的。这句话的意思是说：性急求快反而不能达到目的。

摇头不算点头算

人的肢体动作一般都是："摇头"表示否定；"点头"表示肯定。有时候人在不好用语言表达的时候，经常以摇头或者点头，来表示对事物是否认可。

压箱底的

中国古代有一种性教育工具是"压箱底"。它是一种瓷器，有的比拳头还小一些，外形多作水果状，有盖，内藏一对呈交合状的男女。平时，人们把它放在箱底以辟邪，到了女儿出嫁前，母亲把"压箱底"取出来，揭开盖以示女，让她体会"夫妻之道"。

现代人所说的"压箱底"，一般是指看家的宝贝，或者压在箱底的值得

二 不成句老话儿

183

珍惜或珍藏的有一定意义的物件，又比喻把看家的本领都用上了。同时，压箱底也可引申为自然人对自己拥有物品的兴趣减小而欲弃之不用的事物。

以小人之心，度君子之腹

意思是道德品质恶劣的人用自己惯有的卑劣的想法，去推测正派人的心思。

贼人胆虚

成语，作宾语、定语。含贬义，比喻做了坏事的人心里总是不踏实。

照方抓药

这句老话儿是借用抓药为照旧、照一个样式、方法去做。例："昨儿个咱们用二、三联防打赢了那场球，今儿个咱们还是照方抓药吧。"

针尖对麦芒儿

比喻双方都很厉害，互不相让。例如："黄龙衮你这小子真叫会算账！怎奈呀针尖对麦芒，全三爷子不会上你的当。"（老舍《荷珠配》第一场）

中看不中用

指徒有其表，并无实际用处。例："别瞧他长得一表人才，其实什么也不会，文化也很低，真是中看不中用。""驴粪球，外面光，打开里头把草装。"说的与此类似。

老话儿

纸里包不住火

比喻事情终于掩饰不了。例："这家伙干了这么多坏事，纸里包不住火，早晚会败露的。"

竹篮打水一场空

比喻白费力气，没有效果，劳而无功。

住了辘轳干了畦

打井水浇地，靠的是转动辘轳提水。这辘轳都停住了，能不干畦吗？"住了辘轳干了畦"意为生活来源全靠劳动工作，假如一旦不能干活儿，生活衣食即无保证。

治聋子没治好，倒给治哑巴了

意思是说：本想把毛病治好，但是没把毛病去掉，反而增添了更大的毛病。

指桑骂槐

成语，亦作"指桑树骂槐树"。和"指东骂西""指狗骂鸡"是同一个意思。指着桑树数落槐树，比喻表面上骂这个人，实际上骂那个人。语出《金瓶梅词话》第六二回："他每日那边指桑树骂槐树，百般称快。"《红楼梦》第五九回："你老别指桑骂槐。"

185

站有站相，坐有坐相

这句话的意思是说：人的举止要端庄，这体现人的素质。

站着说话不腰疼

这句老话儿多指别人不设身处地替别人着想却高谈阔论，夹杂说人得了便宜还卖乖之意。也比喻一个人不了解实际情况，只管口头讲述，脱离实际，也比喻眼高手低，简单易懂。借以嘲讽只会说现成话，不亲自体验生活、不了解群众辛苦的。例："这篇大道理谁不会讲，敢情他站着说话不腰疼，让他下矿井尝尝滋味就明白了。"

坐怀不乱

有女子送上门来，也不能淫乱。形容男子在两性关系方面作风正派。

走着就比站着强

走得再慢，也是在前进着；而站着则是原地不动，所以说走着就比站着强。

老话儿

三 带数字的老话儿

　　一部分老话儿由于来源于古典文献或古典小说以及古代的民间故事，其中的一些词语是浓缩后的代称，发展成为了老话儿。这些词语现在都已经很少用了，使得不明了之人很难理解。因而，对其中一些执拗的词语进行简单的解释，有助于对老话儿进行理解。

八拜之交

八拜是方位即——东，南，西，北，东南，东北，西南，西北。表示无论何地我们都生死与共。也有向古代八个结拜兄弟学习的意思。

羊角哀　左白桃——生死之交

俞伯牙　钟子期——知音之交

廉　颇　蔺相如——负荆之交

孟　良　焦　赞——伙伴之交

刘　备　关　羽　张　飞——桃园之交

管　仲　鲍叔牙——同命之交

忽　子　公子寿——患难之交

程　婴　公孙杵臼——托孤之交

另外还有别的说法，例如：

刘　备　诸葛亮——鱼水之交

介子推　重　耳（晋文公）——切肤之交

以宋江为代表的梁山一百单八将——忠义之交

以秦叔保、罗成为代表的贾柳楼四十六友——合志之交

"八拜之交"语出自《紫钗记·吹台避暑》："俺二人以八拜之交，同三军之事。"元曲《冻苏秦》："你不知这张仪和我是八拜交有朋友。"又《西厢记·张君瑞闹道场》："与小生同郡同学，当初为八拜之交。"俗称结拜兄弟为八拜之交；古无八拜的礼，以互相四拜算为八拜。

羊角哀，左白桃；

俞伯牙，钟子期；

齐桓公，管仲；

孙策，周瑜；

弥横，孔融；

廉颇，蔺相如；

陈重，雷义；（元伯，巨卿）

最后，是三位古人大家都知道，就是刘、关、张。

冰冻三尺，非一日之寒

表面意义是冰冻了三尺厚，并不是一天的寒冷所能达到的效果。比喻一种情况的形成，是经过长时间的积累、酝酿的。任何事的发生都有其潜在的，长期存在的因素，不是突然之间就可以形成的。

不管三七二十一

"三七二十一"是珠算乘法口诀，应用在话中，在其前面加上"不管"二字，即"不管三七二十一"，就含有了不管好歹，偏要干一干，试一试、碰一碰的意思。

"不管三七二十一"这句老话儿，是人们常用的一句口头语，意思是不顾一切，不问是非情由。

此话是习惯说法。如三国时期的陈琳在《神女赋》中写道："汉三七之建发，荆野蠢而作仇。"意思是说，东汉建立二百一十年，到建安时期该遭厄运了。虽然东汉不到二百年，可知那时的人认为三和七的积是不祥的。对三和七相乘的积认为不祥源于早期的谶纬家、阴阳家。"谶"指秦汉间巫师、方士编造的预示吉凶的隐语；"纬"是汉代神学迷信附会儒家经义的一类书。

八竿子打不着

形容二者之间关系疏远或毫无关联。"竿"也作"杆"。例如："就连和东方文化八竿子打不着的情人节、愚人节，也大有席卷华夏之势。"另一种意思是形容亲戚关系之疏远。如："又是哪门子表亲？八竿子打不着的，早就没来往啦！"

八九不离十

在数字之中，"八"和"九"之后就是"十"，和"十"已经很接近了，因此，"八九不离十"的意思是说，已经非常接近了。言其相差不远，接近正确。多用于猜测时。如："你的估计，还真是八九不离十。"

八面玲珑

玲珑：精巧细致，指人灵活、敏捷。本指窗户明亮轩敞。后用来形容人处事圆滑，待人接物面面俱到。例如："这个人八面玲珑，谁也不得罪。"

不能吊死在一棵树上

在一棵树上吊死：比喻执一不化，自受其害；只执着于一个人或者一条路，不肯放手，不会用别的方法或选择新的途径去解决问题。告诫人们，这样做是不对的，是死路一条。不要死用一种办法，只走一条路，心思应该活动，多想办法，要懂得变通。

不怕千招会，就怕一招仙

就是不怕懂的多会的多，就怕会得精的意思。形容什么都沾一点儿，并不作深入研究，这样远不如专一研究一个方面的好。有一项过硬的技能，才能有自己露脸的时候。

拜三不拜四，拜四要出事

在农村生活，相信大家都会给自己的长辈拜寿磕头。农村的拜寿的时候非常的讲究，给长辈行大礼的时候是三拜九叩，意思是跪拜要拜三下，叩首要拜九下！不过现在哪怕是农村，需要行这种大礼的机会也非常少。而且"四"谐音通"死"，非常不吉利，用在给长辈拜寿上面更加的不合适！所以农村拜寿一般情况下都是叩首拜三下就行。

除了拜寿的时候不能拜四下，还有在叩拜神佛的时候也不能拜四下。因为按照老话讲"神三鬼四"，拜三下是拜给神佛的，可如果拜四下那就是拜给鬼怪的。如"四勤四懒"之磕头礼，多是吊唁参灵时用的大礼。这显然不是人们的目标，所以这时候也不能拜四下！虽然说上面两个方面都是有些迷信的因素在里面，但是"拜三不拜四"的规矩是自古就传承下来的，不仅是一种讲究，也是中国的一种礼仪文化，需要我们去遵守！

不三不四

指不正派，也指不像样子。先说三，据史料记载，古人认为天为一，地为二，天地相加成三。"三"不仅作为一个数的概念，还作为事物整体的象征，所以称宇宙中有三才：天、地、人。天上有三光：日、月、星。帝王中有伏羲、神农、皇帝。文人中有：曹操、曹丕、曹植。古歌曲咏唱有"三叠"，等等。再说四，四古意则多含有周全、称心、取事事（四四）如意之义。古有四书：论语、大学、中庸、孟子。"四诗"：齐诗辕固、鲁诗申公、韩诗韩婴、毛诗毛公。此外，战国有"四君"：孟尝君、平原君、春申君、信陵君。传说中还有"四大美女"：西施、王昭君、貂蝉、杨玉环。文人有"四事"：琴、棋、书、画，等等。正是由于在我国传统文化中"三"与"四"

寄托了人们对美好事物的追求和礼赞，所以那些不正派、不正经的言行便被斥为"不三不四"了。例："你不要和那些不三不四的人来往，没好处。"

兵怂怂一个，将怂怂一窝

就是说一个将领要以身作则，下属都是模仿上级的，一个将军是怂货，他手下的兵能好吗？在一个团队里，如果只是队员能力弱，那就只代表他一个人弱；而如果是领导能力弱，那整个团队的能力都会弱。

不孝有三

在中国礼仪上，所谓不孝有三，是指：一、不娶无子，绝先祖祀；二、阿谀曲从，陷亲不义；三、家贫亲老，不为禄仕。

赵岐《孟子注》：一味顺从，见父母有过错而不劝说，使他们陷入不义之中，这是第一种不孝；家境贫穷，父母年老，自己却不去当官吃俸禄来供养父母，这是第二种不孝；不娶妻生子，断绝后代，这是第三种不孝，也就是孟子所说的最大的不孝了。

不要把鸡蛋放进一个篮子里

从字面意思理解，如果把所有鸡蛋都放在同一个篮子里，一旦篮子翻了，所有的鸡蛋都会全都打碎了；如果不把所有的鸡蛋都放在一个篮子里，那么即使是一个篮子翻了，还会有其他的鸡蛋剩下呢。意思是说，不要把所有的资本都投入到一件事情上，或者是把全部的希望都寄托在某一件事情上，应该做多手准备，万一出现不测，也可以减少损失。

八字没一撇

"八"字形为一撇一捺,第一笔是"丿",第一笔"丿"都没写,怎么会有完整的"八"字。"没一撇儿""八字没一撇":比喻事情还没有头绪,没有眉目。

"八字还没一撇"最开始是用来形容男女婚姻的,"八字"是指男女的生辰八字。旧时有个俗称叫做"发八字",即正式定亲之意。首先,男女双方家长请算命先生合生辰八字,若八字相合,男方则选定黄道吉日与女方交换当事人的生辰八字,俗称"发八字"。在古代,男女双方的生辰八字要合(即不相冲相克),才能通婚。现在只要用于比喻事情还没有个头绪,如:"你别忙,八字还没一撇呢,等有了准信儿再买也不迟。"

才高八斗

南朝诗人谢灵运称颂三国魏诗人曹植时用的比喻。

南朝宋诗人谢灵运以善于刻画自然景物著称,是山水诗派的创始者。曾言:"天下才共一石,曹子建独得八斗,我得一斗,自古及今共用一斗。"曹植,字子建,曹操之子,生前封陈王,死后谥号思,故世称陈思王。他的文学才能,为当时和后世所推重。所以谢灵运在自负的同时,又对曹植作了高度的评价。后人因称才学出众者为"才高八斗"或"八斗之才"。如唐代李商隐《可叹》:"宓妃愁坐芝田馆,用尽陈王八斗才。"又唐代徐夤《献内翰杨侍郎》:"欲言温暑三缄口,闲赋宫词八斗才。"

吃猫食活八十,吃狗食活九十

养生从古至今就是我们非常重视的一个话题,我们对此也有着深刻的了解,而饮食方面更是我们注意的一部分。而这句话就是告诉我们爱饮食方面的选择,猫食、狗食代表的是质地比较粗糙的食物,意思是吃粗食可以使人

三 带数字的老话儿

193

们长寿。这句话在现在可以体现的很明显，我们现在经常吃细粮、肉类之类的食物，会引起一些心脑血管疾病，所以已经有很多人意识到这一点，开始适当吃一些粗粮、杂粮。

秤砣虽小压千斤

秤砣看来是一小块儿，却能压住千斤之重。比喻外表虽不引人注目，实际很起作用。比喻关键人和事的重要作用。做事情要抓住重点，不要舍本逐末，那样是办不好事情的。

此地无银三百两

比喻想要把事情隐瞒掩饰，结果反而暴露。此语出自民间故事：有人把三百两银子埋在屋旁，怕别人发现了偷走，就在墙上写了"此地无银三百两"。他的邻居阿二看到了这行字，便挖出了银子，怕别人怀疑是他偷的，也在墙上写字下一行字：隔壁阿二不曾偷。

冬天盖上三床被，明年枕着烙饼睡

这里的"三床被"指的是"下三场雪"，瑞雪兆丰年。冬天"棉被"盖得越厚，春天麦子就长得越好。从农业上来说是非常有利的，尤其是对冬小麦是非常有利的，有很好的防寒作用。雪还可以起着保暖的作用，雪本身给人的感觉是很凉，但雪的内部却十分暖和。冬天雪下得越厚，地上的庄稼就会越暖和。当春天天气暖和的时候，化了的雪渗入土壤，可以增加麦苗的水分供应。这样一来，来年就可以大丰收了。

当一天和尚撞一天钟

佛寺中晚击鼓、早撞钟，以报时间，并劝人精进修持，使人警觉醒悟。佛学是教化众生知因识果，行善积德，破除迷信，自利利他。"暮鼓晨钟惊醒世间名利客，经声佛号唤回苦海梦迷人。"这是做和尚击鼓撞钟，诵经学佛的目的和职责，当一天就要认真尽责。不过由于错误的理解和引用，这句话现在已经被人们理解为贬义了。比喻遇事敷衍了事，虚应差事的。

此语在多部文学作品中记载，更在民间广泛流传。如《西游记》第十六回："三藏祝拜已毕，和尚住了鼓，行者还只管撞钟不歇，和尚道：'拜已毕了，还撞什么？'行者笑道：'你哪里晓得，我这里做一日和尚，撞一日钟。'"《官场现形记》第二十五回："留着我中什么用？也不过像俗语说的，'做一日和尚撞一日钟'罢了！就是拼性命去干，现在的事也是弄不好的。"《梦笔生花.杭州俗语》有"做一日长老，撞一日钟"之说。

在记载中，只是"做"与"当""日"与"天""长老"与"和尚"的不同，意思一样。

二反投唐

这句老话儿是说离去后再返回原处工作。如："他既然肯二反投唐，总是有后悔之意，就收留下他吧！"这"二反投唐"源于隋唐故事。

二屋夹一堂，家败人不旺

在农村，农村建房的地址上和建造上都会有许多讲究和禁忌，这种讲究更是由来已久，如农村老话也常说"不怕青龙万丈高，就怕白虎抬头望"，说的就是房子的高低上不容忽视，而在农村建房布局还有一种讲就是邻里之间的房屋建造，高出本家堂屋的也不好，极易造成矛盾，在农村因这原因，闹得两家大吵大闹的也不在少数，而其中，"二屋夹一堂"也是不好的！指的是：邻里两家的房屋由于过高，并且其中一家的堂屋夹在其中，这就容易引起矛盾，一是影响光线，二是由于在院子里干农活时，或者聚会时大吵大闹容易骚扰到对方的生活，时间久了难免会让两家因此产生矛盾。

二一添作五

这句老话儿本是珠算除法口诀的一句，这里借用表示均分。如："这份遗产，他们哥儿俩二一添作五了。"

富不过三代

其原因一是后代失去创造财富的能力。主要是奋进的动力丧失，或者说对财富的饥饿感丧失；二是后代不具有保护财富的能力，或是社会制度不能保护；或是失去自我约束与自制力；或是守财奴、先辈的内涵和气质都丧失掉了。

饭后百步走，活到九十九

这是千百年来流传下来的养生谚语，而且就走路本身来说就是一种比较健康的运动。但是"饭后百步走"不能想当然，不能想怎么走就怎么走，医学专家指出，饭后怎么走、走多久，都有很多讲究，若方法不对，不仅达不到健身养生目的，反而还可能给身体带来不利影响，甚至有一些人压根就不适合饭后立即走动，需要休息会儿再散步。

官大一级压死人

就是比你高很大的官，他说什么你就要执行什么，不允许反驳。即使是有再大的困难，或者他的命令不合理、是错误的，作为下级的也要执行。

货卖一张皮

意思是：包装美观的产品才能打动消费者。包装就像是产品从生产领域到消费领域的"嫁衣"，是消费者对产品的第一印象。如果包装美观，就像是无声的推销员，刺激消费者的购买欲望。相反，如果包装劣质，很难令消费者对产品本身产生兴趣。比喻在推销自己或者是自己的产品的时候，要注意包装的作用。

好事不出门，恶事行千里

谓好事情难以张扬开去，而坏事情却流传得很快。"如何是西来意？"这是古代禅宗丛林中经常提起的话头，意思是：达摩祖师从印度来中国的含意是什么。公案中有各种回答，或有禅师对这句话头的回答是："好事不出门，恶事行千里。"见《景德传灯录·绍宗禅师》。后俗语多引用，如《喻世明言》卷二："石城县把这件事当做新闻，沿街传说。正是：好事不出门，恶事行千里。"后多变式。如《水浒传》第二四回："自古道：好事不出门，恶事行千里。不到半月之间，街坊邻舍都知道了。"又如老舍《四世同堂》四四："好事不出门，坏事行千里，不大的工夫，寇家的丑事就传遍了全胡同。"

胡说八道

胡说八道：原指"胡人"到内地讲解佛经。胡，中国古代对西、北部少数民族的称呼。胡说：胡人说讲。八道，而不信佛的人认为，胡人讲解佛经是说荒诞之言。胡人讲解佛经八圣道在词语上可简作胡说八道。故后世以胡说、胡说八道，一派"胡言"等词语喻不可信。今泛指一切没有根据的说法。

脚踩两只船

这句老话儿，比喻在需要选边站队的时候，立场不确定，不想得罪任何一方，想要两边都讨好，或者是从两边都得到利益；也有狡兔三窟的意思在内。如："像你这么脚踩两只船，绝不会落好儿，把几方面都得罪了。"

九九归一

虽然指的是"周而复始"或"归根结底"，但不是原地轮回，而是由起点到终点、由终点再到新的起点，这样循环往复，以至无穷，螺旋式前进和发展的运动过程。它体现了人类对一切事物发展认识的辩证唯物论的哲学思想。

归根结底，一种解释是：风水文化中当九数尽的时候自然回转一。表示自然界的循环往复。佛语有云："九九归一，终成正果。"在这里，"九"是最大的，也是终极的，古今人文建筑都以之为"最"。要想"九九归一，终成正果"，还需要"一四七，三六九"，一步一步往前走。九九归一即从来处来，往去处去，又回到本初状态。其实，这种回复不是简单的返回，而是一种升华，一种再造，一种涅槃，更是一个新的起点。

救人一命，胜造七级浮屠

浮屠是塔，造一个佛塔，七层的叫七级浮屠。我们做了一件好事，救了别人一命，等于独资盖了一座庙一样。为死去的人造塔，毕竟不如"救人一命"的功德更大，更有意义。故俗语云："救人一命，胜造七级浮屠"，指救人性命功德无量。用以劝人行善，或者向人恳求救命。

老话儿

见人只说三分话，莫可全抛一片心

所谓知人知面不知心，对别人，特别是不是很了解的人，不要把自己的想法全告诉他，不要让别人知道你在想什么，将要做什么。人和人之间要留有余地。

狡兔三窟

狡猾的兔子为自己准备三个藏身的窝。意思是说藏身的地方多，或有多种策略，以便于躲避灾祸。比喻人做事情，要有多种准备，才能立于不败之地。

家有千口，主事一人

意思是说：每家不论有多少人，只能有一个人掌管家事。泛指办事都要有为首的负责的人。

家有万贯，还有一时不便

意思是说，家里再有钱财，也免不了有一时拿不出现钱，需要别人帮助的时候。人与人之间，要和谐相处，与人为善。只有这样，当你遇到困难的时候，别人才会帮助你。

家有一老，如有一宝

意思是说：老人经历的事情多，阅历广，知识丰富，有处理问题，解决困难的办法。年轻人遇到了困难，或者有办不了的事情，可以多请教老人。老人如同家里的宝贝，可以帮助年轻人解决困难。

龙多四靠

意思是干工作，如果人多了，容易形成推诿扯皮。

两好合一好

谓双方都有友好的态度和行动，而构成两者间的良好关系。出自《荀子·修身》。这句话经常用于婆媳之间。

两虎相争，必有一伤

两只老虎相互争斗，必然有一方伤亡。比喻两个强者互相搏斗，必然有一方要遭到严重损害。

老将出马，一个顶俩

年长而经验丰富的人，做起事来，一个人能顶得上两个人。老将虽然年纪大了，但他多年的经历积累了无数实践经验，积累了丰富的知识。充分说明经验来自实践的积累，反复实践需要时间。时间促人老，人老经验就越丰富，经验丰富做起事来就熟练、容易，一般年轻人是无可比拟的。

六六大顺

来自《易经》，《易经》中有六爻之说，易经中"六"代表阴爻（"九"代表阳爻），六个六为"坤"卦，有大吉大利之意，虽然有坎坷，但最后通过努力都可以圆满。故有"六六大顺"之说。

俗语"三三不尽，六六无穷"，在中国传统观念中，"三"是一个可以无限延伸的数字。推而广之，"三"的倍数也具备了同样的性质，如"六合"、

"九天"。

立木支千斤

杠杆原理，因为力臂为零，所以力矩也为零。立木上所承受的只是物体的重力。而我们知道，固体是不容易变形的，所以立木可以顶千斤。比喻人敢挑重担、肯吃苦。

六亲不认

六亲不认：当今"六亲"泛指亲属。其实，历史上"六亲"有特定的内容，其代表性的说法有三种：一、据《左传》说，父子、兄弟、姑姐（父亲的姐妹）、甥舅、婚媾（妻的家属）及姻娅（夫的家属）。二、据《老子》说，以父子、兄弟、夫妇为六亲。三、据《汉书》说，以父、母、兄、弟、妻、子为六亲。后人比较赞同第三种说法，因为此说在血缘和婚姻关系中是最亲近的。

乱七八糟

说法有三：

其一：按字典的解释，"乱"是"没有秩序，没有条理"之意；"糟"，本指"做酒剩下的渣子"，后也常指"把事情办坏"。

一般认为，"乱七八糟"来源于历史上两个很重要的典故。

"乱七"，指的是发生在西汉时期的"七国之乱"。西汉初，刘邦在铲除异姓诸侯王的同时，又分封了一批刘姓子弟为王，想依靠刘氏宗族的力量，作为皇权的羽翼。但是，随着诸侯王的势力不断扩大，其弊病和隐患也渐渐地显露出来了。经过几朝的演变，到景帝时诸王势力越来越大，其中齐、楚、吴三封国几乎占天下之半，严重地威胁着汉王朝的中央政权。大臣晁

错建议景帝进行"削藩",以减少诸王的封土,从而巩固中央政权。景帝采纳了晁错的建议,下令在众同姓王中推行"削藩"的政策,激起诸王强烈反对。汉景帝三年(公元前154年)正月,吴、楚等七国以"诛晁错,清君侧"为名,发动武装叛乱,史称"七国之乱"。

顷刻之间,天下大乱。景帝很是慌张,听信谗言,诛杀晁错,但诸王的军队还是不退,继续挺进。景帝悔恨之余,决定以武力平叛,于是派遣太尉周亚夫率兵征讨。周亚夫以坚壁固守的战术,多次挫败吴楚联军的进攻。吴楚联军的士卒饿死、投降、失散的很多,只得败退。三月,吴王刘濞残部数千人退守丹徒冲江苏镇江,被东越人所杀。其他诸王也战败自杀、被杀。这时候,历经三个月的"七国之乱"遂被平定。"乱七"一词,即源于此。

"八糟",是指历史上有名的晋朝皇室内宫争权夺利的"八王之乱"。西晋初年,司马炎建立晋朝后,担心其他大夫会夺去他的政权,把皇室子弟分别封为诸侯王,并规定享受许多特权。司马炎死后,继位的惠帝司马衷为人庸愚弱智,实际朝政大权落入他外祖父杨骏的手里。这引起司马炎的妻子贾后的不满,她便暗中用计,杀掉了杨骏及其同党。之后,贾后请了汝南王司马亮来辅政。司马亮上台后,也是独断专行。因此,贾后密诏司马玮将司马亮杀死,由司马玮出来辅政。可是,司马玮对贾后也非言听计从,贾后便又设计杀死了司马玮。后来,为独霸朝野,贾后又将皇太子司马遹废为庶人后毒死。赵王伦趁机发动兵变,打出了为太子司马遹报仇的旗号。永康元年(公元300年),赵王伦发兵进攻洛阳,斩杀贾后及其亲党,一场持续16年之久的皇族夺权混战就此开始。因为先后参与这场乱事的共有八个同姓王:汝南王亮、楚王玮、赵王伦、齐王冏、河间王颙、成都王颖、长沙王乂和东海王越,故这场混战史称"八王之乱"。

其二:《黄帝内经》:女子七年一周期,丈夫八年一周期,天人合一俗称七七八八,《黄帝内经》将男人的生理盛衰以8年为一阶段,女人则为7年:7岁时,乳牙更换,头发生长;14岁性机能成熟;21岁皮肤弹性最好;28岁身体达到黄金期;35岁体内气血衰退,生殖能力下降;42岁时面部憔悴,头

老话儿

发开始发白；49 岁之后身体衰老。

假如不按天地阴阳四季日出而作日落而息交替生活，生命就会紊乱，就叫"乱七八糟"。

其三：来源于《易经》，在九宫八卦中，其他卦象都是凶中带吉或者吉中有凶，唯独第七宫的游魂卦和第八宫的归魂卦是纯粹的凶卦，所以古人在摇乌龟壳时遇到第七卦心就乱了，卜到第八卦事就糟了，所以说乱七八糟。

俩人做不了一个梦

比喻人与人思想不一样，同床异梦是肯定的。

六十六，一刀肉

在农村还有一种说法叫做"人到六十六，要吃闺女一刀肉"。这是我国农村地区非常传统的一种风俗，在以前的农村，老人到了 66 岁，已经是高寿，所以命格不硬，是人生中的一道坎。所以此时，阎王回来索命。

不过解决办法也很简单，只要女儿去肉铺割一刀肉让老人吃掉即可化解。这肉为了图个吉利，一般重量要求为六到八斤，但讲究只割一刀，多了不去，少了不增。所以肉贩子一刀下来，人们也就权当是足斤足两了，而一般肉贩子也不会在这种时候耍小心眼，也会想着沾个光，讨个喜气的彩头。虽然现在看来这种风俗是有着迷信的色彩的，但是却是人们对老人长寿的一种希望。除了"六十六，一刀肉"这个说法，农村还有在老人 66 岁的时候，给老人做 66 个饺子，让他们吃掉，以求长寿平安！

莫说三十六，莫提七十三，莫讲八十四

"古人有云""俗话说得好"这些开头词，后面接着的句子通俗易懂，才真正体现出古人的超高智慧。今天，小编就来分享一句俗语，话中颇有意

思，"莫说三十六，莫提七十三，莫讲八十四"。这句话的意思不难理解，但其中深刻含义，却着实让人丈二和尚摸不着头脑。那么为何在农村有这种说法呢？

可能很多人会认为，这些农村俗语含有迷信色彩，并不足以相信。其实并不然，看似偶然的数字，其中还含有一定的科学依据。不妨就来分析，为什么有"莫说三十六"的说法？就如同西方人忌惮 13 般，在民间人们看来，36 也并不是吉利的数字。当人处于 36 岁之时，往往会遭遇更多的坎坷，而想要度过劫数，则需要祝寿消灾。

那么为何"七十三""八十四"，被中国人视为寿命大坎呢？这里面可是大有说法。首先，这两个年龄段，分别是孔子与孟子逝世的岁数。这孔子与孟子乃是儒家"二圣"，备受世人敬仰，他们的逝世年岁，自然也被赋予了特殊意义。而且无论是七十三，还是八十四，在医学落后的古代，都算得上是高寿了。故此，在古人看来，若能活到这两个年龄，已经很难得了。

如此解释，我们能够很好理解，但这两个年岁数字，还是存在偶然的成分。其实用医学理论来说明，或许会更加清楚。根据现代医学研究，人的生命周期存在规律，大概以 7—8 年为周期。在周期的中间几年，为生命高潮期，免疫力强的话，自然是生命力旺盛。反之，若在周期两头，则生命力较为衰落。

若是以 7 年为周期，7、14、28 直到 74 岁，便是周期的低谷期。而若以 8 年为周期，8、16、24 直到 83 岁，成为生命的低谷期。这样研究后发现，73 与 84 都是低谷期，再加上老人年岁已高，逝世率比较高也很正常。不过小编要说的是，现今医疗水平不断进步，对待这两个年龄，我们实在不必慌张。平常注意休息，饮食均衡，自然能够身体健康的。对此，你们有什么想法呢？

马王爷，三只眼

马王爷就是道教神话中的马赵温关四大元帅之马元帅，又名马天君，又称华光天王、华光大帝，他曾大闹三界，后来被真武帝收服，成为其手下的三十六天将之一，是一位道教的重要护法神。玉帝曾封他为"火部兵马大元帅"，三只眼为火之精、火之星、火之阳，是火神的象征，马王爷有三只眼，比喻这个人很厉害。"马王爷，三只眼"这句老话儿，常用来比喻有真本事的人。如："今天我要是不给你露一手儿，你也不知道马王爷三只眼，今天就让他尝尝我的厉害！"

没有三把神沙，也不敢倒反西岐

这个典故来自于神怪小说《封神演义》，西岐就是周武王的封地，纣王的儿子殷郊原本并不愿意听从申公豹投奔商朝的，然而听说殷洪已死后如此思索："吾弟与天下无仇，如何将他如此处治，必无此事。若是姜子牙将吾弟果然如此，我与姜尚誓不两立，必定为弟报仇，再图别议。"后听说兄弟当真死于姜子牙之手后放声痛哭，哭得晕死了过去，醒转后才死心塌地反了西周。殷郊的法宝有一种是"神沙"，威力很大。典故由此而出。意思是说，自己有把握把事情办成。

宁拆十座庙，不毁一桩婚

庙拆了可以再盖，神本来就是宽容的、伟大的、善解人意的、大爱众人的。而毁人一桩婚，是毁了一个家庭上下三代人的幸福，造成的痛苦和过失无法弥补。

三 蕴数字的老话儿

205

宁吃鲜桃一口，不吃烂杏一筐

秋季是水果大量应市的季节，没有"烂杏"却有烂果，所以我们把这句话借过来变为"宁吃鲜果一口，不吃烂果一筐"，借以阐明吃水果一定要讲究卫生。

吃水果首先要削皮。水果发生病虫害时，往往用农药喷杀，果皮中的农药残留量比果肉中高得多。也不要用菜刀削水果，因菜刀常接触肉、鱼、蔬菜，会把寄生虫或寄生虫卵带到水果上，使人感染寄生虫。

由于保存不当，买回来的水果常常会发生腐烂现象。有的人为了节省，就用刀把腐烂部分挖掉，把剩下的没有腐烂的部分吃掉。其实，这是一种错误的观念。因为，尽管剩下的是未腐烂的部分，但是其中绝大部分已经被微生物代谢过程中所产生的各种有害物质侵蚀，特别是真菌在水果上的繁殖很快，有相当一部分真菌在繁殖的过程中会产生有毒物质。这些有毒物质可以从腐烂部分通过果汁向未腐烂部分扩散，使未腐烂部分同腐烂部分同样含有微生物的代谢物，尤其是真菌毒素。而且有些真菌毒素还具有致癌作用。所以，坏水果尽管是已经去除了腐烂部分，剩下的仍然不可以吃。

你打人一拳，须防人一脚

你打别人一拳，别人可能会还你一脚。做事情也是一样，一些东西要考虑清楚，最好给自己留个后路。

女大十八变，越变越好看

这句老话儿是说少女发育期，体态形貌变化很快。是赞美的语气，言其越长越美。人们一般都用来指女孩从小到大容貌的巨大变化，大多是用来夸赞。

老话儿

宁给穷人一口，不给富人一斗

意思是说：穷人在困难的时候，你就是给他一口东西，他也会感激你一辈子的。当你巴结一个有钱人的时候，你就是送上贵重的礼物，他也会不以为然。

男三十不立子，一直累到死

老话常说"男大当婚，女大当嫁"。在农村，只要到了适婚的年轻，父母就会忙着给子女张罗婚姻大事，在农村也常说"男大不婚，女大不嫁，恐怕闹出大笑话"，只要过了适婚年龄还不结婚的话，那么在村里免不了被人指指点点。

而什么时候是结婚的年龄呢？按照现在婚姻法的规定，男不得早于22周岁，女不得早于20周岁。但在之前，人们也认为男人应该20周岁结婚，女子18岁最好，因为之前人们也认为"早得儿子早得继"，这样一来还可以有更多的精力来照顾孩子。如果到了30岁还没结婚的话，就会被认为是"异类"！因此在农村也常说"男三十不立子，一直累到死"其言外之意是，香火没有早早的得到继承，其次就是30岁还未立子，基本上就要操一辈子心，劳累一辈子。其实仔细想想，30岁才生子，儿子20岁时，你就50岁了，年过半百还要为儿子操心。也是这么个理儿。

你有千条妙计，我有一定之规

就是说无论对方如何威逼利诱，自己都用一条计策应对，绝不动摇最初的想法。

宁走百步远，不走一步险

就是宁可绕路多走一百步，也不为了能少走点儿路而冒险。做事情要做好准备，尽量减少风险。

破家值万贯

这句老话儿是说家庭中的生活用具虽然破旧，但都应珍惜，凡是还有用的就不要抛弃，而且由于多年积累，价值并不低。

千锤打锣，一锤定音

比喻在众说纷纭的情况下，发表决定性的意见。也就是民主集中制。

七个不依，八个不饶

这句老话儿是说得理不让人，总是不肯原谅，蛮横刁难。如："有朋友从中说和着，你还七个不依，八个不饶！真闹急了，我也不怕，有地方管。"

千军易得，一将难求

意思是平庸之辈到处都是；而真正有才学的人少之又少。指将才难得。形容对人才的重视。

千里姻缘一线牵

晋朝文人韦固，幼时遇上月下老人，得知以后自己的妻子是同村一个穷人家的丑丫头，心中不悦，竟起杀心。一天，他偷偷走到丑丫头身后，用石头将她砸死了。

长大之后，高中金榜，进了翰林院当了大学士。因为年轻有为又英俊潇洒，就引来不少提亲的人。一天，一位朋友对他说："张员外有个外甥女，长得花容月貌，又知书达理。张员外得知韦固兄才貌双全，有意将她许配与你。"韦固听罢便答应相见。

一日，韦固到张员外家相亲，见姑娘长得果然出众。吟诗作画，样样精通。心中暗喜，当下订下婚事，择吉日成婚。洞房花烛之夜，新娘羞答答地低头不语，韦固发现了她脑后发根处有一块伤疤，便问伤疤的来历。新娘说："年幼之时，不知哪个野小子用石头砸的。"韦固听罢大惊失色，想到了自己年幼时的所作所为和月下老人的话。

原来，新娘正是当初那个丑丫头，她父亲死后，母亲就带她到舅舅张员外家落脚。与表姐妹们一起读书识字，女大十八变，丑丫头变成了大美人。月下老人的话应验了，他手里的那根红线早就把韦固和丑丫头系在一起了。从家乡到京城，迢迢千余里，悠悠十数年，韦固还是娶了当年的丑丫头。

这个动人的故事，被广为流传至今。

七情六欲

一般地说，"七情"指的是喜、怒、哀、惧、爱、恶、欲。

中医指的是喜、怒、忧、思、悲、惊、恐。

一般地说，"六欲"指的是生、死、耳、目、口、鼻。

佛家指的是色欲、形貌欲、威仪姿态欲、言语音声欲、细华欲、人想欲。

前三十年看父敬子，后三十年看子敬父

这句话有两种意思：一是你小的时候，别人看在你父亲的面子上对你

高看一眼；等你长大了发迹了，父亲也老了，别人会看在你的面子上恭敬令尊。这话既有人生无常的意味，也有长江后浪推前浪的感觉。二是孩子小的时候，父母疼爱孩子；孩子长大了，父母也老了，这时候孩子就应该孝敬父母了。

七灾八难

小三灾是刀兵、瘟疫、饥馑。刀兵灾起七日，疾疫灾起七月七日，饥馑七年七月七日。

大三灾是火灾、水灾、风灾。以六十四个大劫为一周期。

七伤：食伤、忧伤、饮伤、房室伤、饥伤、劳伤、经络营卫气伤，合为七伤。

八难即：（一）在地狱难，众生因恶业所感，堕于地狱，长夜冥冥而受苦无间，不得见佛闻法。（二）在饿鬼难，饿鬼有三种：(1) 业最重之饿鬼，长劫不闻浆水之名。(2) 业次重之饿鬼，唯在人间伺求荡涤脓血粪秽。(3) 业轻之饿鬼，时或一饱，加以刀杖驱逼，填河塞海，受苦无量。（三）在畜生难，畜生种类不一，亦各随因受报，或为人畜养，或居山海等处，常受鞭打杀害，或互相吞啖，受苦无穷。（四）在长寿天难，此天以五百劫为寿，即色界第四禅中之无想天。无想者，以其心想不行，如冰鱼蛰虫，外道修行多生其处，而障于见佛闻法。（五）在边地之郁单越难，郁单越，译为胜处，生此处者，其人寿千岁，命无中夭，贪着享乐而不受教化，是以圣人不出其中，不得见佛闻法。（六）盲聋喑哑难，此等人虽生中国（指古印度中部摩羯陀国一带），而业障深重，盲聋喑哑，诸根不具，虽值佛出世，而不能见佛闻法。（七）世智辩聪难，谓虽聪利，唯务耽习外道经书，不信出世正法。（八）生在佛前佛后难，谓由业重缘薄，生在佛前佛后，不得见佛闻法。

此外，八难亦指王难、贼难、火难、水难、病难、人难、非人难、毒虫难。

人过八十四，阎王不请，小鬼不去

其实，这句俗语与"人老两年坎"有类似的地方，所谓的两年坎，其实就是指的 73 岁和 84 岁，由于这两年是孔孟两位先贤去世的年龄，因此对农村老人来说，也是一种心理压力！又因为，除七年、八年为周期外，还曾经有科学家研究，人身体周期以 11 年为一周期，这两年又在周期的末尾，因此，身体很容易产生一些意外，影响身体健康！

倘若，老人这两年能安然度过，那么身体自然会逐渐恢复，迎来人生的下一个周期，因此在农村也有"人过八十四，阎王不请，小鬼不去"的说法！

人过三十不学艺，人过四十天过午

意思是说：人到 30 岁之后，就很难再去学一门手艺或者转行学新的手艺了，因为这个时候，基本上有家有子，再去学习新的东西都有所牵绊和顾忌，而且年龄也摆在那里，人的精力和冲劲都没有年轻时候强烈了。

人敬我一尺，我还人一丈

意思是说：要知恩图报，也就是"礼尚往来"。自己得到了别人的帮助，要尽可能地加倍进行回报人家，"滴水之恩当涌泉相报"，这是一种道德，做人的礼数。也只有这样，别人才愿意帮助你。忘恩负义，是人所不齿的。

人生一世，草木一秋

意思是说：人只有一生的机会，就像草一样，到了秋天就结束生命了。其实就是告诫世人，要珍惜和合理利用时间，莫等白了头才感慨时间的流逝，追悔不已。

人误地一时，地误人一年

意思是说：人一时懒散没有去耕种，结果错过了播种的良机。而土地一年只有这个时候播种才有好收成，所以这一年等于就耽误人了。比喻有时一点小错可能铸成大错。

人无千日好，花无百日红

这句老话儿是形容人不可能永远处于顺利的境况中，正如鲜花不可能无止境地开下去一样。也表示人和人之间的关系不可能永远亲密无间。即没有永远的朋友，自然也没有永远的敌人。

人五人六

人五人六一语中最基本的是"人"字，谓其像个人样儿；"五""六"只是汉语构词常用的配用数字。"人五人六"是方语口语，讽刺一些人"人五人六"，其实际价值和其表现并不成比例，简单地说，就是这些人本来没什么的，却神气得忘乎所以。例："你别在这儿人五人六的了，谁还不知道你是个什么东西！"

人有三急

人们在急需要如厕的时候，经常会说"人有三急"。其实古人所说的人有三急指的是，"心急，手急，性急"。

人有十年旺，神鬼不敢谤

人的一生中有十年时间是鸿运当头，身强力壮的，连鬼神都不敢来靠近你。

人争一口气，佛争一炷香

人没有气了，不就会死了吗？佛连一炷香都没人给他烧，他还有什么用啊？这句话的意思就是：做人要有骨气有志气，不能丢了尊严。

人嘴两张皮，咋说咋有理

形容某些人能言善辩，花言巧语，翻手为云覆手为雨。使用狡辩、偷换概念等手段，使自己永远立于不败之地。

三拜九叩

指封建社会进见帝王及祭拜祖先的大礼。传统的礼德文化里面，其中有"三拜九叩"的庄严礼仪。实际上，古代的"三拜九叩"各有其含义。"拜"：就是自祭其身，把自己这一百多斤的身体祭献出来，这是古代的解释。现代，可以作其他的解释，就是把这个身向天地祭献，愿舍其身。"叩"就是顶礼恭敬。

传统的礼德文化里面，有"三拜九叩"的庄严礼仪。"拜"，会意字。从两手，从下。《说文》古文上像两手，"丅"为"下"的古体。《说文》引扬雄说："拜从两手下。"表示双手作揖，或下拜。隶书将"丅"（下）并入右边的"手"之下，而成为"拜"，一直沿用至今。

"拜"，古代表示敬意的一种礼节。两手合于胸前，头低到手，然后慢慢地双腿膝关节触地，上身匍匐在地，这个动作就称之为"拜"。

"叩"的动作就是身体不起来，而头在地面，用头叩触地面三次。三拜有九叩。

三百六十行，行行出状元

所谓"三百六十行"，即是指各行各业的行当而言，也就是社会的各种工种。人们常常用这句话鼓励身无所长的年轻人，不要气馁，只要有心，脚踏实地，自己也可以闯出一番事业。工作没有高低贵贱之分，哪一个行业都有出类拔萃的人，只有干好了自己的工作，才会受到社会的尊重。

三长两短

通常用来指意外灾祸，民间多作"遇难""死亡"等讳词。

"三长两短"和以前的人死亡入棺木有关。棺木是用六片木材拼凑的。棺盖、棺底、左梆、右梆这四片是长木材；前头、后尾这两片是方形的短木材。为什么不叫四长两短？因为尸体入棺后才上棺盖，所以只称三长。"三长两短"作为死的别称流传的范围越来越宽广，便由俗语转为成语了。

另解：《礼记·檀弓上》有如下记载："棺束，缩二，衡三；衽，每束一。""棺束者，古棺木无钉，故用皮束合之。缩二者，缩纵也。纵束者二行也。衡三者，横束者三行也。衽，每束一者。衽，小要也，其形两头广，中央小也。既不用钉棺，但先凿棺边及两头合际处作坎形，则以小要连之令固，并相对每束之处以一行之衽连之，若竖束之处则竖著其衽以连棺盖及底之木，使与棺头尾之材相固。汉时呼衽为小要也。"

用现代话作一简要复述：古时棺木不用钉子，用皮条把棺材底与盖捆合在一起。横的方向捆三道，纵的方向捆两道。横的方向木板长，纵的方向木板短，"三长两短"即源于此。衽原本指衣服的缝合处，此指连接棺盖与棺底的木楔，两头宽中间窄，插入棺口两旁的坎中，使盖与棺身密合。衽与皮条联用，就是为了紧固棺盖。发展到后来用钉子钉棺盖，既方便又快捷，衽也就逐渐被淘汰。三长两短的捆棺材皮条也随之消失，但这个词语却一直流传下来，在现代汉语中也经常使用。

三分吃药七分养

作为患者要尽量配合医生，遵守医嘱，与医生达到一个比较和谐的状态。只有这样，患者才能尽快克服病痛，很好地恢复，这就是中医反复强调的"三分药七分养"的概念。

三翻六坐七爬爬

按照正常的生长规律，婴儿三个月会翻身，六个月开始能坐着，七个月开始爬动。

三分手艺，七分家伙

意思是技术好还需要好的工具辅佐。强调了工具在工作中的重要性。与"工欲善其事必先利其器"、"若要手艺好，还要家什妙"所表达的意思相近。

三斧子

意思是形容一个人做事情开局很有一股蛮劲，但缺乏后劲和韧劲。这典故出自唐朝名将程咬金身上。演义和戏曲中写到这程咬金，说他有一身好力气，使一把大板斧，作战时，许多人都敌不过他的三板斧。所以，都以为他有神力。有一次，隋将宇文成都带兵去攻打瓦岗寨。这宇文成都是当时天下第二条好汉，力大无穷。当他带兵来到的时候，程咬金不得不提斧迎战。第一斧，宇文成都被震得虎口生疼；第二斧，宇文成都的虎口被震裂；第三斧，两臂发麻。宇文成都正想撤马回营，程咬金的第四斧有气无力的，方知道程咬金力量只集中在三板斧上。

三个臭皮匠，顶个诸葛亮

"皮匠"实际上是"裨将"的谐音，"裨将"在古代是指"副将"，原意是指三个副将的智慧合起来能顶一个诸葛亮。流传中，人们将"裨将"说成了"皮匠"。

三脚踹不出一个屁

形容某人太不爱说话，太老实，寡言少语，内向。还有就是贬义，说一个人非常窝囊，做事优柔寡断

三句话不离本行

行：行当，职业。指人的言语离不开他所从事的职业范围。

三人行，必有我师

这句几乎是家喻户晓的话，出自于《论语·述而》。原文是：子曰："三人行，必有我师焉；择其善者而从之，其不善者而改之。"意思是：孔子说："别人的言行举止，必定有值得我学习的地方。选择别人好的学习，看到别人的缺点，反省自身有没有同样的缺点，如果有，加以改正。"

三岁看大，七岁看老

这句话简单明了地概括了幼儿心理发展的一般规律。从三岁孩子的心理特点、个性倾向，就能看到这个孩子青少年时期的心理与个性形象的雏形；而从七岁的孩子身上，你能看到他中年以后的成就和功业。

老话儿

三天不打，上房揭瓦

指孩子调皮，现在引申为人欠打调皮。

鲍氏有两个十分顽皮的孩子，每天不是赶鸡就是撵狗，要不然就把地里的菜搞得一塌糊涂。气得鲍氏每天都要揍他们一顿。挨了打，兄弟两个才老实一点。第二天，又照样胡闹。

麦收之时，鲍氏的丈夫在外面做生意时摔断了腿，不能回家。地里的活计便都落到了鲍氏一人身上。她白天割麦，晚上打场，忙得昏天黑地，也没有工夫管她的两个淘气儿子。好不容易收完了麦子，鲍氏累得都直不起腰来了，躺到床上便呼呼地睡着了。半夜下起了大雨，鲍氏被从房顶上漏下的雨水弄醒了。她很奇怪哪来的水，点上灯一看，才发现房顶上的瓦被揭走了好几块，难怪雨水漏下来了。

鲍氏知道是她那两个淘气儿子干的，气得冲他们大叫："好你们两个小崽子，三天不打你们，你们就上房揭瓦了。"两个淘气鬼自然免不了被狠揍了一顿。

后来人们便用"三天不打，上房揭瓦"来形容小孩子的顽皮。

三十发福，棺材当屋

中年"发福"似乎成了一种"不可抗拒"的生理现象，到了四十多之后都有不同程度的"发福"。这并不是一个好的情况，因为"发福"一般来说都"与高血压、心脏病、糖尿病等许多常见病都有一定的因果关系。

因为到了这个年龄段，活动量下降，基础代谢率下降，加上到了中年是事业的顶峰，交际不断，饮食过于油腻。除非自律，否则很难避免发福。

但比中年"发福"更可怕的是年纪轻轻就发福，在农村老人也常说"后生发福，棺材当屋"，在二三十左右的这个年龄喜瘦忌胖，因为正值青年，就出现了中年人的症状，是不好的信息！有些地方也常说"三十发福，棺材

三、带数字的老话儿

当屋”因此生活中大家一定要综合饮食，多多运动！

房屋，是人类居住生存的地方，正是有了房屋，人类才有了遮风避雨场所，从而结束了露营旷野的历史，使人们过生了安稳的生活，房屋有着悠久的历史，从最早的“穴居”，到茅草房，到土木结构的房屋，再到近代的砖瓦水泥房，可以说房屋和人类结下了不解之缘！

在民间，房屋更是被人们看做是一辈子的大事，在建造房屋时，都会把房子盖的结实又美观，高大且明亮，并倾尽一身心血保护和修缮！也正是由于对房屋的重视，在民间对房屋的选址、建造、材料、高低等等有着严格的要求，并有着多如牛毛的禁忌框框。稍有不慎犯了禁忌，就会被人们认为不吉，担心给子子孙孙带来不好！

这句俗语其实说的是，房子在选择时，应遵循几个条件，一定要在地势平坦，附近要有水源的地方，正所谓“三阳水向尺源流、富贵永无休”房屋朝向要顺应“水路”的原则。因此有了“盖房莫盖背水路”之说。

“千金难买向南楼”；之前不比现在，有空调、电风扇、电暖炉等取暖降温的机器，因此在古代人为了冬暖夏凉，因为根据四季的风向吹动不都一样，加上地势，认为窗户朝南开的才较为舒适。古代人也将这样的说法沿袭下来直至今日！细心地观察也可以发现，窗户向南是好过西斜之屋宅，西斜屋比较热。即“有钱不盖东厢房，东不暖，夏不凉。”

当然，这些理解有些局限性，毕竟我国地大物博，风向，温度，季节都在其中有影响！话又说回来了，一个人是否贫穷富贵，在于个人，不在于房屋！对此你怎么看呢？欢迎评论区留言讨论！

三十六人莫过渡

在以前，一般的渡船都是木质的船，也就不能像现在的船可以承载很多人，往往三十六个就是极限。先不说坐三十六人船能不能航行，就算能坐下，船体吃水太深，遇到激流的时候，一旦有乘客惊慌，就很容易造成翻船事故，所以才说"三十六人莫过渡""五人三姓莫走路，三十六人莫过渡"这句话其实就是古人告诫我们出门在外要有所防备，不能对任何事情掉以轻心，尽量让自己处在安全的位置上。

三十年河东，三十年河西

用来形容世事盛衰兴替，感叹世事变化无常。出处：历史上黄河屡次改道，原本在黄河东岸的村庄多年后因黄河改道而变为在黄河西岸。

传说，郭子仪平定安史之乱后，很受皇帝宠爱，儿子被招为驸马，郭府日益昌盛。过了年，郭抱了孙子，他对孙子十分宠爱。郭孙整日游手好闲，挥霍无度，成长起来。到了 30 岁，老辈人先后死了，就剩他一个，家产被他耗尽，落得沿街乞讨。

一天，他来到河西庄，想起小时候的奶妈就住在这里，便去拜访。进庄问了路，沿路走去，居然走到一座大宅院前，他将信将疑，上前一问，果真是此处。此时主人下地回来，见了郭孙，忙请进屋，说："母亲已去世多年，在世时十分勤劳，创得家业。"郭孙不解地问："家里这么富有，还要自己种地？"主人笑道："家产再大，坐吃山空，勤俭持家，其乐无穷。"说完便留郭孙住下。郭孙听了主人一席话，感慨万千道："真是三十年河东享不尽荣华富贵，四十年河西寄人篱下。"

以后，人们把"三十年河东，四十年河西"的意思引申了，主要用来指没有一成不变的事物，世事盛衰总会发生变化。

三条大道走中间

比喻办事要不偏不倚，不左不右，中庸之道。

三带数字的老话儿

三下五除二

本是一句珠算口诀，借用比喻干活快、手脚利落。如："几把椅子坏了，到了王师傅手里，三下五除二，就修完了，还不到半天儿呢。"

事不过三

同样的事不宜连做三次。在民间，自古至今还有"事不过三"的说法和习惯，俗语说，有再一再二，没有再三再四的。意思是说：次数少还可以承受，次数多了就无法承受了。

十八年后又是一条好汉

古人受佛教影响，相信灵魂不死，并会在人世间转生轮回。"十八年后又是一条好汉"就是说，现在死了不要紧，转世投胎后过十八年长大了又是一条好汉。

十层单不如一层棉

衣服不是越多越保暖，因为衣服本身是不会产生热的，只起到隔离的作用，这种隔离使得衣服与肌体、衣服与衣服之间形成了一个良好的"小气候区"，使人体的热量得以保存，从而感觉到温暖。衣服的保暖程度与衣服内空气层的厚度有关系。因此，保暖的关键不是穿多少层，而是衣服的材质。棉和羽绒因为存在大量空隙，能容纳一定量空气，保暖效果会好一点。俗语有句话叫"十层单不如一层棉"，说的就是这个道理。

杀敌一千，自损八百

杀敌一千，自损八百，表面上来看，指的是跟敌人作战，虽然杀了敌人一千，但是自己也损失了八百个人，双方的损失情况差距不多。表示如果跟人硬碰硬较量，损失惨重的不只是敌人。兵法里面讲究的是避其锋芒，攻敌之弱，最上乘的就是不战而屈人之兵，用最少的损失争取最大的胜利。所以说杀敌一千，自损八百绝对是不值得的。

十恶不赦

十恶不赦：指罪大恶极，不可饶恕。魏晋南北朝时期，历代都进行了法律法典的编纂，而在这些法律法典中，比较有影响的有魏时的《魏律》，北朝时的《齐律》，而后来据说的"十恶"最早也就出现在《齐律》中，当时称为"重罪十条"。

"重罪十条"把这十条罪行称为"十恶"，并且规定绝不赦免，到了隋唐就正式形成了"十恶不赦"的说法，所以说隋唐"十恶不赦"其实原来是出自于《齐律》的"重罪十条"。它的主要内容有：

一、谋反。这历来都被视为十恶之首。

二、谋大逆。指毁坏皇家的宗庙、陵寝、宫殿的行为。

三、谋叛。谋叛是指叛逃到其他敌对国家。

四、恶逆。指打杀祖父母、父母以及姑、舅、叔等长辈和尊亲。

五、不道。无道。

六、大不敬。偷盗皇帝祭祀的器具和皇帝的日常用品，伪造御用药品以误犯食禁。

七、不孝。指咒骂、控告以及不赡养自己的祖父母、父母。祖、父辈死亡后匿不举哀，丧期嫁娶作乐。

八、不睦。

九、不义。指殴打、杀死长官（一般指州县长官），丈夫死后不举哀并作乐改嫁等。

十、内乱。指与祖父、父亲的妾通奸。

唐《永徽律》所列举"十恶"与隋同。此后，除元代将"十恶"改为"诸恶"之外，明、清两代均将"十恶"列入刑律名例篇。现今"十恶"多为泛指。

士隔三日，当刮目相看

很久没见到过这人，今天看到了，就应当立即重新刮目相看、招待。典故出自于三国时期东吴大将吕蒙。吕蒙作战勇敢，后来当了将军。但他从不读书学习，别人都认为他是个大老粗。孙权劝他多读一些书，增长知识，才能有更大的作为。吕蒙听了大受启发，开始发奋读书，终成东吴军队统帅。这个典故有四个要点：

第一、三日后能被人刮目相看的必须是"士"，也就是有志气、有志向的人；

第二、"士"要被人刮目相看必须别"三日"，这里的三日当然不是指三天，而是指经过一段时间之后；

第三、时间可以改变一切，量的积累会导致质的变化；

第四、事物是发展变化的，不能用老眼光、老观点看待同一事物。

十个指头不一样齐

这句老话儿是用来比喻人有诸子，各有长短。比喻人或事物总有一些差别，不可能完全一样，所以对同事或下属不能划一而求。

十槐九空

意思是说：槐树老了之后，树干内部容易糟朽，会形成空洞，老槐树大多都是空心的。

身怀六甲

之一：

为什么女人怀孕了叫身怀六甲？"身怀六甲"通俗来讲："古称女子怀孕。传说中甲子、甲寅、甲辰、甲午、甲申、甲戌六个甲日，是上天创造万物的日子，也是妇女最易受孕的日子，故称女子怀孕为身怀六甲。"这是一些词典中对于"身怀六甲"通俗的解释。

要详细地来解释这个词，确实很复杂。因为很少有人能搞明白天干地支不断演变的过程。

有人做出这样的解释，其中"甲子""甲戌""甲申""甲午""甲辰""甲寅"分别领起一竖行，称为"六甲"，这是一个时间观念。上面强调了一个五、六为变化之道的思想。在甲骨的刻辞中，前五甲所领竖行中，皆有子日，唯独第六甲"甲寅"不含子日，所以《汉书》说"日有六甲，辰有五子"，这样就合于五六为变的趋势了。变化带来的是化生，古代传说天帝造物，也当依循此理，所以"六甲"所代表的是一种演化趋势。

"六甲"源自天干地支：

甲子	乙丑	丙寅	丁卯	戊辰	己巳	庚午	辛未	壬申	癸酉
甲戌	乙亥	丙子	丁丑	戊寅	己卯	庚辰	辛巳	壬午	癸未
甲申	乙酉	丙戌	丁亥	戊子	己丑	庚寅	辛卯	壬辰	癸巳
甲午	乙未	丙申	丁酉	戊戌	己亥	庚子	辛丑	壬寅	癸卯
甲辰	乙巳	丙午	丁未	戊申	己酉	庚戌	辛亥	壬子	癸丑

甲寅　乙卯　丙辰　丁巳　戊午　己未　庚申　辛酉　壬戌　癸亥

从上可见，每一个天干都有六种配合，称为六甲、六乙、六丙、六丁、六戊、六己、六庚、六辛、六壬、六癸。"甲"属木属阳，为阳木。

"六丁六甲"：

六丁为阴神，六甲为阳神。六丁六甲放在一起，刚好是阴一半，阳一半。六丁为阴神玉女、丁卯神司马卿、丁巳神崔巨卿、丁未神石叔通、丁酉神臧文公、丁亥神张文通、丁丑神赵子玉。六甲为阳神玉男、甲子神王文卿、甲戌神展子江、甲申神扈文长、甲午神卫玉卿、甲辰神孟非卿、甲寅神明文章。

"身怀六甲"可能是房中术和道教发展起来以后，人们求子说的祝福之语，类似中国人观念中常有的"生个男娃"或"生儿子"好传宗接代之类，希望怀个男婴。随着社会的发展及语言的演变，这类"专指"就慢慢演变成"泛指"，怀孕也就通称为"身怀六甲"了。

之二：

因为"六甲"在古代是六十年的意思，身怀六甲很痛苦，就像过了六十年！

以前都是用天干与地支相配合来记录年份的，如甲子、丙寅等。甲排天干的第一位，六十年里面有六个带甲的年份，甲子、甲寅、甲辰、甲午、甲申、甲戌六个甲日，所以"六甲"代表六十年。从前的人寿命都不长，一般也就五六十岁，六甲过后人的一辈子也就过得差不多了。怀孕叫身怀六甲喻义着孕妇肚中孕育着一个新的生命。

伤筋动骨一百天

所谓"伤筋动骨一百天"其含义是：机体受到外伤，引起骨折伤筋，经过一百天的治疗休养，方可痊愈。而在这个时间内，患者应该好好休息，不能乱动。

十里不同风，百里不同俗

形容各地的风俗习惯不一样，不同的地方有着不同的风俗习惯。比喻不同地域、不同人群，在文化认同、生活习惯等方面存有差异。

十聋九哑

哑巴是指不会说话之人，其中很少一部分人是因为发音器官有问题导致，绝大部分人是因为耳聋所致，通常我们学习语言首先要能够听到声音，声音信号传入听觉中枢神经系统，并与语言中枢发生联系，然后启动语言通路，聋人没有声音信息的传入，这与语言学习的环路便中断了，从而变成聋哑人。

十年寒窗无人问，一举成名天下知

这句老话儿是过去科举时代的常用语。读书人一旦中了举人、进士，便天下闻名，仕途广开，从此就可以锦衣玉食了。现在，也用"一举成名天下知"比喻在某方面取得了突出成就，受到社会和舆论的关注。

十年树木，百年树人

比喻要使小树长成为木料，需要很长的时间。而培养一个人才，则需要更多的时间，是个长久之计，并且十分不容易。因此，这句话寓意着国家、民族、家庭只有做好人才的培育，才能得以接续、繁衍、传承。古人云：江山代有后人出，一代新人换旧人。只有这样，人类2、书读千遍，其义自见。

见：显现。读书上千遍，书里的意思自然就会领会了。指书要熟读才能真正领会。要想学到知识，就要多读书，多学习。

是亲三分向

这句话的意思是：只要是亲戚（沾亲带故）都要偏向三分。表示为人处事偏袒和袒护自己人。

十月怀胎，一朝分娩

一般怀孕是四十周，二百八十天，如果一月按四周算是可以说十月怀胎的。"分娩"，是指自母体中作为新的个体出现，特指胎儿脱离母体作为独自存在的个体的这段时期和过程。比喻条件具备了，时机成熟了，事情自然就有结果了。

是药三分毒

是药就有几分的偏性。而这个偏性对症，就不是毒，不对症就是毒（偏性产生的伤害）。古人云："是药三分毒。"我国最早的医学专著《黄帝内经》对如何用药十分讲究，将药分为大毒、常毒、小毒、无毒。治疗疾病要求大毒治病，十去其六；常毒治病，十去其七；小毒治病，十去其八；无毒治病，十去其九。当今不少的人认为中药大多数源自于天然的动植物和纯中药制剂，比化学药品的药性平和而安全，总认为不会发生药物毒副作用，其实不然，如果任意滥用，同样亦会发生毒副作用。

十指连心

十个指头连着心。表示身体的每个小部分都跟心脏有不可分的关系。比喻亲人跟自身休戚相关。

四大皆空

四大皆空，佛教所讲的"四大"，是指"地、水、火、风"的四大物质因素。

不懂佛法的人，他会脱口而出地告诉你："空了酒、色、财、气，就是四大皆空嘛！"其实，这与佛教所说的四大皆空，根本是牛头不对马嘴。因为佛教所讲的"四大"，是指"地、水、火、风"的四大物质因素。

"四大"的观念，也不是佛教发明的，这是人类对于宇宙本体的初期探索而得的结果，在东西方的哲学思想史上，几乎有着同样的趋势。比如中国《书经》所记的"水、火、金、木、土"五行；印度古吠陀本集所说的世界形成，是基于"地、水、风、火、空"的五种自然因素；希腊古哲学家恩比多克里斯也曾提出"气、水、土、火"为宇宙间不变的四大元素。

总之，不论五行也好，"五大"也好，"四大"也好，都是指的物理界的基本元素，如果仅限于此而胶着于此，那么，发展的结果，便是唯物论者，所以，这些思想也是唯物论的先驱。

佛教讲四大皆空，是沿用着印度固有的思想而再加以深刻化及佛教化的，因为"地、水、火、风"的四大元素，是宇宙物理的，比如山岳土地属于地大，海洋河川属于水大，阳光炎热属于火大，空间气流属于风大。如把它们化为人体生理的，比如毛发骨肉属于地大，血液分泌属于水大，体温属于火大，呼吸属于风大。若从"四大"的物性上说，坚硬属于地大，湿润属于水大，温暖属于火大，流动属于风大。但是，不论如何分析"四大"，"四大"终属于物质界而无法概括精神界。所以唯物论者以"四大"为宇宙的根源，佛教则绝不同意这样的说法。

四六不懂

说法有三：

其一：古代崇奉"天地君亲师"。作为一个读书人，是一定要铭记这几项的。如果你不知道就是不明就里。而这几项里面其中以"天、地、父、母"为至亲。其中天为父，天字与父字都是四画。地为母，地与母都是六画。四六不懂就是上不知天，下不知地，为人不知父母。

其二："四六"指"四六文"，即全篇多以四字、六字相间成句的骈文，从而转指文章。而"文章"又可解释为"礼乐法度"。《诗·大雅·荡序》："厉王无道，天下荡荡，无纲纪文章。"所以，"不懂四六"就是没文化。

其三：中国文化的"四"和"六"，含义丰富。四柱：指人出生的年、月、日、时。四知：天知、神知、我知、子知。四制：丧服有恩、理、节、权四制。四大：佛家以地、水、火、风为四大。道家以道、天、地、人为四大。四行：仁、义、礼、智或孝、忠、信、悌。文房四宝：笔、墨、纸、砚四种文具的统称。

"六"的含义也非常广泛。六合：上下和四方，泛指天地或宇宙。成玄英疏：六合，天地四方。六书：古代分析汉字而归纳出的六种条例，即指事、象形、形声、会意、转注、假借。或指六经，即《诗》《书》《礼》《乐》《易》《春秋》。六礼：中国古代婚姻的六种礼节：纳采、问名、纳吉、纳征、请期、亲迎。六亲：古指父、母、兄、弟、妻、子。六律：黄钟、大吕、太簇、夹钟、姑洗、中吕、蕤宾、林钟、夷则、南吕、无射、应钟，合称十二律。区分开来，奇数（阳）称六律，偶数（阴）称六吕，合称律吕。六味：指苦、酸、甘、辛、咸、淡六种滋味。六料：原指稻、黍、稷、粱、麦、菽六谷，后为各种谷物的泛称。六曹：指功曹、仓曹、户曹、兵曹、法曹、士曹。

"不懂四六"就是没文化、没教养、没规矩。

四体不勤，五谷不分

"四体不勤，五谷不分"这句老话儿，是形容脱离劳动、脱离劳动人民造成的愚昧可笑的后果。

语出《论语.微子》。故事说，有一次，子路跟着老师孔子出游，走着走着，子路落在了后面，不知孔子走到哪里去了。这时，子路遇到一个老头儿，用拐杖挑着农具。子路问老头儿："您看见我的老师了吗？"老头回答说："他四肢不劳动，五谷不施肥，算得了什么老师？"说着便去地里除草去了。"四体不勤，五谷不分"就是这样来的。

头回上当，二回心亮

意思是：吃亏上当就一回，知道这是骗局了，第二次就不会再上当了。要善于吸取教训，总结经验，不能犯同样的错误。

头三脚难踢

比喻万事开头儿难。
才能永续繁衍、生生不息。

桃三杏四梨五年，枣树当年就还钱

桃树要三年才结果，杏子四年，梨五年，种植的枣树当年就可以结果。

台上一分钟，台下十年功

这句话本意是指在台上表演的时间往往只有短短一分钟，但为了台上这一分钟的表演时间，却需要付出十年的艰辛努力。比喻任何一件事情的成

功，都要付出巨大的努力。

退一步海阔天空

做人无疑应该坚守内心的原则，坚守心灵深处的高贵，不能因为屈服于压力或贪图物质利益的享受就轻易地妥协，甚至出卖自己的良心。然而，在个人的名利或物质利益受到损害，或由于个人利益与他人发生矛盾时，如果能大气大量地退让一步，则不仅不是懦弱，反而是一种大忍之心的体现。

五毒俱全

五毒俱全：蛇、蝎、蜈蚣、壁虎、蟾蜍五种动物为五毒，人的"五毒"是吃、喝、嫖、赌、抽。

老话儿

五光十色

五光：红、黄、蓝、白、黑。十色：赤、橙、黄、绿、青、蓝、紫、黑、白，外加一个透明。

五花八门

几种说法：

其一：古代战术中的阵势。"五花"是五行阵；"八门"则是"八门阵"。

春秋战国时期，许多战略家都使用这种五行阵。五行系指金、木、水、火、土。古人认为，构成各种物质的种种元素即是五行。加之五行又代表红、黄、蓝、白、黑五种色素，它们混合在一起还可变成多种颜色，能够使人眼花缭乱。

八门阵也称八卦阵，这个阵势，原来是按照八卦的次第列为阵势的。

八八可变成六十四卦，常使对方军队陷入迷离莫测之中。相传，春秋时期的孙武、孙膑最早运用八门阵。后来三国时期的诸葛亮又将八门阵改变成为"八阵图"。

其二：古代各种职业

五花：

1. 金菊花：指卖茶花的女人。

2. 木棉花：指上街为人治病的郎中。

3. 水仙花：指酒楼上的歌女。

4. 火棘花：指玩杂耍的人。

5. 土牛花：指挑夫。

八门：

一门巾：指算占卦的人。

二门皮：指摆卖草药的人。

三门彩：指变戏法的人。

四门挂：指江湖卖艺的人。

五门平：指说书评弹的人。

六门团：指街头卖唱的人。

七门调：指搭篷扎纸的人。

八门聊：指高台唱戏的人。

此外，"八门"尚有方位代指的属性。在我国古代《奇门遁甲》一书中，八门一说指的是休、生、伤、杜、景、死、惊、开，指在某个特定时刻的各个方位所代表的属性，其中有吉有凶也有中性。如原句中有"八门若遇开休生，诸事逢之皆趁情""欲往潜身向杜游"等之说。

一般来说，开、休、生三吉门，死、惊、伤三凶门，杜门、景门中平，但运用时还必须看临何宫及旺相休囚。古人有歌曰：吉门被克吉不就，凶门

被克凶不起；吉门相生有大利，凶门得生祸难避；吉门克宫吉不就，凶门克宫事更凶。

休门是一个吉门，宜休息聚会，经商，嫁娶，参谒贵人，不可扬兵。休门为水神，临离九宫为水克火，古代哲学思想认为水火不相容，则不吉利。

生门，吉门，宜营造、嫁娶、谋事、见贵等。生门为土神，如临坎一宫为土克水，则不吉利。谋财、求职、做生意、远行、婚姻嫁娶等诸事皆宜。生门属土，居东北方艮宫，正当立春之后，万物复苏，阳气回转，土生万物，所以古人命名为生门，大吉大利之门。生门旺于四季月，特别是丑、寅之月，相于夏，休于秋，囚于冬，死于春。生门居艮宫伏吟，居坤宫反吟，居巽宫入墓，居震宫受克，居离宫大吉，居乾兑二宫次吉，居坎宫被迫生门有生生不息的意思，故最适合求财做生意或有病求医。

伤门为奇门遁甲的一个角度。伤门意为破坏的磁场，若强出伤门易见血光，故一般吉事皆不宜。伤门居东方震位，阳木，旺于春相于夏，生于冬季，于物外华内虚。伤门宜捕捉、索债、戏耍、收敛财货等，更宜捕捉贼盗、渔猎，但不利于经商、建筑、埋葬、嫁娶，更不宜上官赴任。大凡吉利之事逢伤门皆不必为。伤门临二八宫为迫，是木克土，大凶。歌云："伤门不可说，夫妇又遭屯，疮疼得不得，折损血财身，天灾人枉死，经年有病人，商音难得好，余事不堪闻。"

杜门，一生无财、无官运，唯独姻缘甚佳，长寿，逢劫时，天命助其渡劫，适合多灾的职业却逢凶化吉，其命一生平安，火克木，宫临艮，坤二宫，无性命之忧。杜门是隐藏之门，也是遁甲最重要的部分。杜门适合隐身藏形躲灾避难，其余诸事皆不宜。若要躲起来不让人发现杜门最适合。也用于寻人寻物。

景门居南方离宫，属火。在家中为中女，克乾金之父，与丈夫中男坎水对冲，易动口舌，常有血光之灾；又景门正当日升中天，大放光明之时，但烈日炎炎，虽夏季景色美丽，但难免有酷暑之忧；又景门所在离宫正南方与正北坎宫休门相对，一个万物闭藏休息，一个万物繁茂争长，故古人命名为景门。景门属火，旺于夏，特别是午月，相于春，休于四季月，囚于秋，死于冬。居离宫伏吟，居乾宫和墓，居兑宫被迫，居震巽二宫生旺，居坤、艮二宫生宫。景门小吉，亦为中平。宜于献策筹谋，选士荐贤，拜职遣使，火攻杀戮，余者不利，谨防口舌及血光火灾。景门多主文书之辈。

死门居中西南坤宫，属土。死门与艮宫生门相对，万物春生秋死，春种秋收，故命名为死门。死门属土，旺于秋季，特别是未、申月，相于夏，囚于冬，死于春。居坤宫伏吟，居艮宫反吟，居巽宫入墓，居震宫受克，居离宫生旺大凶，居坎宫被迫大凶，居乾、兑二宫相生。死门为凶门，不利吉事，只宜吊死送丧，刑戮争战，捕猎杀牲。

惊门居西方兑位，属金。正当秋分、寒露、霜降之时，金秋寒气肃杀，草木面临凋敝，一片惊恐萧瑟之象；又兑卦为泽，为缺，为破损；又兑主口，主口舌官非，故古人将此门命名为惊门，与东方震宫伤门相对应。惊门属金，旺于秋，特别是酉月，相于四季月，休于冬，囚于春，死于夏。居兑宫伏吟，居震宫反吟，居艮宫入墓，居离宫受制，居巽宫为迫，居坎宫泄气，居坤宫受生，居乾宫比和惊门也是一凶门，主惊恐、创伤、官非之事。适宜斗讼官司、抓捕盗贼、设疑伏兵，其余事不可为。

开门，宜远行，利求职新官上任、求财、婚姻嫁娶、访友、见贵人。不宜政治阴私之事，易被他人窥见。

五金

指金、银、铜、铁、锡五种金属材料之称，五金为"工业之母"，国防之基础，五金材料之产品，通常只分为大五金及小五金两大类。大五金指钢板、钢筋、扁铁、万能角钢、槽铁、工字铁及各类型之钢铁材料。小五金则为建筑五金，白铁皮、锁类、铁钉、铁丝、钢铁丝网、钢丝剪、家庭五金、各种工具等等。就五金之性质与用途，应分钢铁材料、非铁金属材料、机械机件、传动器材、辅助工具、工作工具、建筑五金、家庭五金等八大类。

五马换六羊

马是很值钱的，而羊是不值钱的，五匹马与六只羊，虽然看起来是羊的数量多，但是质量不行。如果这样进交换，把马换出去的一方是很吃亏的。这句话的意思是不等价交换。

五人三姓莫走路

对于姓氏而言，中国人是非常看重的，同姓的人即便不是一家人，也会以为姓氏缩短他们的距离。而五人三姓，则必然有相同姓氏的人在一起。一起同行，难免会有心怀不轨的人惦记你身上财物，而同姓的人很容易就会联合起来，你一个人自然也就比不上人多的一方，所以才有"五人三姓莫走路"的说法！

五十步笑百步

战国时候，孟子跟梁惠王谈话，打了一个比方，有两个兵在前线败下来，一个逃跑了五十步，另一个逃跑了一百步，逃跑了五十步的就讥笑逃跑了一百步的，说他不中用。其实两人都是在逃跑了，只是跑的远近不同罢了。比喻自己跟别人有同样的缺点或错误，只是程度上轻一些，可是却讥笑别人。

五十不造屋，六十不种树

这句话从字面上理解就是到了五十岁的时候就不要盖房子了，到了六十岁的时候就不要再种树了。

其实在以前的社会这么说是有一定的道理的，因为在以前，人们的平均寿命并不高，所以五六十岁的年纪已经不小了。但为什么年纪大了就不能盖房植树了呢？原因如下：

1.盖房、植树都是劳心费力的活，年纪大的人，体力和精力会跟不上，太过劳累的话很容易对身体造成损伤。

2.先不说盖房子要花费大量的金钱、劳力。就说盖好了之后，年纪大了也住不了多长的时间。还不如留着这些钱财好好过一个安稳的晚年！

3.再来看种树，无论是果树还是别的树木，想要得到收益都需要过上几年甚至十几年，这些时间对老人来说太长了。而且种完之后，还要花费心思去管理，这对六十岁的老人来说都有一定的麻烦！

综上一些原因，所以在农村有"五十不造屋，六十不种树"的说法。而"五十不造屋，六十不种树"这句话放到现在，是有些不合适的，现在五十岁虽说年纪不小了，但是实际上还算是壮年，人们还可以进行劳动！

五音不全

之一：

唱歌时，有人唱得不搭调，常常走音，把握不住 do、re、mi、fa、sol、la、ti 七个音阶，唱歌变成绝无优美旋律可言的"念歌"或"喊歌"了。在卡拉OK厅人人有此类受折磨体验，大家笑说唱者毫无艺术天分，"五音不全"。

明明是"七音"却叫"五音"，是怎么回事呢？

这要说说"五音"概念。中国是个文明古国，音乐的发展也有悠久历史，但古乐曲是五声音阶，同西方有别。如用西乐的七个音阶对照一下的话，古中乐的"五音"相当于 do、re、mi、sol、la 少去了半音递升的"fa"和"ti"。当然，古中乐的五音唱名，不可能同西乐的"哆、来、咪、索、拉"叫法一样，唐代时用"合、四、乙、尺、工"；更古则用"宫、商、角、徵（读 zhǐ 音）、羽"了。所以，如果我们稍加留意，正宗中国古乐曲，是没有"发（fa）"和"稀（ti）"两个音阶的。比如，现在还时有听到的江南

小调《茉（蟹）莉（蟹）花》即是古曲之一，它全曲若用唱名哼出，只有"哆、来、咪、索、拉"，全无"发、稀"两音；名古曲，岳飞词的《满江红》亦然。

五音是中国古乐基本音阶，故有"五音不全"成语了。

之二：

《礼记》说："声成文谓之音。音之数五。"五音，是指宫、商、角、徵、羽五音。《律历志》说："宫者，中也，居中央畅四方，唱始施生为四声之径。商者，章也，物成事明也。角者，触也，阳气蠢动，万物触地而生也。徵者，祉也，万物大盛蕃祉也。羽者，宇也，物藏聚萃宇复之也。"这是对五音其义的解释，并从自然生化角度予以说明。从听觉感觉来说则是宫音浑厚较浊，长远以闻；商音嘹亮高亢，激越而和；角音和而不戾，润而不枯，徵音焦烈燥恕，如火烈声；羽音圆清急畅，条达畅意；五音又与五行有密切的联系。

《乐纬》说："孔子曰，丘吹律定姓一言得土曰宫，三言得火曰徵，五言得水曰羽，七言得金曰商，九言得木曰角，此并是阳数。"则进一步明确了宫为土、徵为火、羽为水、商为金、角为木的配比关系。

宋朝沈括说："一律含五音，十二律纳六十音也。尾气始于东方而左行，音起于西方而右行，阴阳根错而生变化。所谓气始于东方者，四时始于木，右行传于火，火传于土，土传于金，金传于水。所谓音始于西方者，五音始于金，在金传于火，火传于木，木传于水，水传于土。"实际上，五行是顺四季之气而生，五音则逆五行之序而传。相反相成，错综变化。

《蠡海集》说："万物之所为以生者，必由气。气者何？金也。金受光顺行则为五行之体，逆行则为五行之用。顺行为五行之体者，金生火，水生木，木生火，火生土，冬至起历元，自冬而春，春而夏，夏而长夏，长夏而归于秋。返本归原而收敛也。逆行为五行之用者，金出矿而从革，于火以成材，成材则为有生之用。然火非木不生，必循木以继之，木必依水以滋荣，水必托上以止畜。故木而水，水而土，是则五行之类，土以定位。"这是从取类比象的角度来说明五音逆行之因。

五子登科

五子登科为中国民间谚语，最初源于民间故事，说的是五代后周时期，燕山府有个叫窦禹钧的人，他有 5 个儿子都品学兼优，先后登科及第，故称"五子登科"。窦禹钧本人也享受 82 岁高寿，无疾而终。当朝的太师冯道为他赋诗云："燕山窦十郎，教子有义方。灵椿一株老，丹桂五枝芳。"《三字经》中也以"窦燕山，有义方，教五子，名俱扬"的句子，歌颂此事，并形成了"五子登科"的成语，寄托了一般人家期望子弟都能像窦家五子那样，联袂获取功名、拥有大富大贵锦绣前程的理想。

五子登科又象征及第封侯。十年寒窗，正是为了"一举成名天下知"，出将如相，平步青云。金玉满堂中，五个嬉戏的天真幼童，或跨坐巨鲤，或执箫弄曲，或手擎荷叶……仪态各异，栩栩如生。

像不像，三分样儿；齐不齐，一把泥

这句话指泥瓦匠干活比较粗糙，只要大致像个样儿，把泥抹得表面齐整就行。"齐不齐，一把泥"这句老话儿，本属建筑工人的一句熟语，借用比喻工作匆匆结束而不顾质量。

新官上任三把火

新官员上任后，常常做出几件事以表现自己的才干和革除时弊的决心，过后也就一切如旧。说白一点儿，就是给人下马威，让众人心服口服。

下三滥

也作"下三烂"。原指三个行业：捏脚的，剃头的，按摩的。也就现在的洗脚城、美发店和洗浴中心，过去认为这三种行业最下贱。后来指下贱，

三、带数字的老话儿

237

没出息的人。例："你真是个下三滥，怎么能去求他呢？"

笑一笑，十年少；愁一愁，白了头

心情愉悦可以使人少生疾病，人显得年轻；心情总不好，会老得很快，就像春秋时楚国的伍子胥一样，被奸人陷害被迫出逃，边界的昭关把守严密，作为一个"逃犯"，伍子胥要过关很困难，一夜之间愁白了头发。

一步差三市

意思是说：开店的地址差一步，就有可能差三成的买卖。这跟人流动线（人流活动的线路）有关，可能有人走到这儿就该拐弯儿了，则这个地方就是客人到不了的地方，差不了一个小胡同，但生意可差得很多。

一辈儿亲，两辈儿表，三辈四辈就拉倒

意思是说：亲戚越往后传，关系越疏远。传到了三四辈的时候，有可能就不再走动了，甚至于形同陌路。

一报还一报

旧时认为做了什么样的事，就会有什么样的报应。也指你怎么对待别人的，别人就会怎样对待你，得到同样的回报。指做一件坏事后，必受一次报复。也指"以其人之道，还治其人之身"。

养兵千日，用兵一时

平时供养、训练军队，以便到关键时刻用兵打仗。指平时积蓄力量，在

老话儿

必要时一下用出来。兵，也作"军"，用兵、用军，也作"用在"；时，也作"朝"。

一搬三穷（有的地方说一般十穷）

古人云：一搬三穷。意思是说，每搬一次家，不该扔的东西扔掉了，不该买的东西买了，人情故里丢了，每搬一次家，就要受到一次损失。

一表三千里

是中国民间形容"表亲"之间有时疏远的距离，在男权社会里，同姓的旁系兄弟姐妹称"堂"，异姓的则称"表"。有些拐弯抹角的亲戚，称为表亲，其实血缘关系离着很远。

一笔写不出俩字儿来

一般是说"一笔写不出两个姓氏"，例如，一笔写不出两个王字来。意思是两个人是一家的，不需要见外。不过，两人不一定真的是一家人，是客气的说法。

除了姓氏，还可以是单位或组织、机构，用这样一句话来表达两个人关系不一般："一笔写不出两个XX。"这句话的意思是我们是一个系统的，或一个地方的，有着共同的渊源，关系非同一般，应该互相帮助。

一寸光阴一寸金，寸金难买寸光阴

比喻一寸光阴和一寸长的金子一样宝贵，而一寸长的黄金却不能买到一寸光阴。说明了时间的宝贵。应珍惜时间。

一方有难，八方支援

是指一个地方有了困难，四面八方都来支持援助。形容团结一致，共渡难关。

一个巴掌拍不响

比喻事情不会是单方面引起的，经常用来劝解纠纷，两个人吵架，双方都有过错。从寓意解释来看，这句话的适用范围过大，忽视时间的作用（有些事情并非是在同时发生，而是有先后顺序的），比较绝对化，是一个在事情结果并未了解透彻和清楚（对事实的调查和研究）之前的个人主观猜测和判断。

一个唱红脸，一个唱白脸

比喻在解决矛盾冲突的过程中，一个充当友善或令人喜爱的角色，另一个充当严厉或令人讨厌的角色。

在中国传统戏剧中，一般把忠臣（好人）扮成红脸，而把奸臣或者坏人扮成白脸。后来人们就用红脸代表好人，用白脸代表坏人。但是，更多的时候，是表示在做一件事情的时候，有的说好话、有的说坏话，"红脸"、"白脸"一起戏弄或欺骗当事人；这种情况被说成："有唱红脸的，有唱白脸的"。来自京剧脸谱，红脸——正直的象征。白脸——奸邪的象征。一个唱红脸一个唱白脸（有的说好话、有的说坏话），就是两人合作，一个做坏人，一个做好人，目的是让做好人的那个人得人心，指一个是正面，一个是反面。

一个和尚挑水吃，两个和尚抬水吃，三个和尚没水吃

这句老话儿是说人多四靠，互相推诿，反而办不成事。这也是由于

权责不明，没有相关制度规定，个人素质不高等原因，出现的消极怠工现象。不仅影响了正常的工作，同时也造成了资源的浪费，如果任其风气蔓延，更加严重的会阻碍经济的发展。因此，在工作中必须要加以重视和杜绝。

一个篱笆三个桩，一个好汉三个帮

比喻做事需要有人帮衬。以"一个篱笆三个桩"作铺垫，衬托"一个好汉三个帮"。孤掌难鸣，一手难以遮天，需要集体的力量。

一个萝卜一个坑儿

形容有些机关的编制，一个人有一个位置，没有多余。意思是说即便你是一根好萝卜、大萝卜，可是没坑儿栽种你，再好的萝卜也得死。也用来比喻做事踏实，做一件事成功一件，与"一步一个脚印儿"意思相同。

一个妈能养十个儿子；十个儿子养不了一个妈

母亲对儿女的疼爱是无与伦比的，但是孩子对母亲，却差得多了，特别是孩子多了，在赡养老人的问题上会互相推诿。

一个女婿半个儿

从前瓜州地方有个算命先生，号称"赛半仙"，据说：他占卜算卦，从未有过失误，不但能说出人家前半生，是如何如何，几时断奶，几时说话，几时婚嫁。还能预测后半生有什么作为，许多人还真的被说得分毫不差。

一天，"赛半仙"家来了个人，此人仪表堂堂，气度不凡，"赛半仙"一看，心中就有了底，张口便说："别人算卦，须刨根问底，到我这里算

三带数字的老话儿

241

卦，可以免开尊口。"来人依言，坐在那里一言不发。"赛半仙"看了看他的面相："以老朽所见，你天庭饱满，地角方圆，定是大福大贵，多子多福之人。"

来人正要张口说话，被"赛半仙"制止。他接着又掐指一算说："你已有两个儿子，命中还有两儿，不久降世。"来人再也忍不住了，张口说道："我并无儿子，倒有四个女儿。""赛半仙"一听，知道今天要出丑，心中着急，急中生智："老朽让你免开尊口，你怎不听，难怪算得不准。再说，你有四个女儿，将来定有四个女婿，一个女婿怎么也能顶半个儿子嘛，所以，我说你有两个儿子有什么错？""一个女婿半个儿"这句话，从此就传开了。现在人们用这句话来比喻女婿孝顺老丈人，也能顶上半个儿子的孝心。

一回生二回熟

人与人之间，初次相见的时候，感到陌生，再见面的时候，自然就熟悉了。也比喻做事情，干同一项工作，干的次数多了，自然也就熟悉了。

一将无能，累死千军

一个没用的将领，可以拖累死千百名跟随他的士兵。这句话经常用在管理企业上面，比喻领导的重要性。

一力降十会，一巧破千斤

"一力"：力气大的一个人；"降"：制服；"会"：会家，懂武艺的人。一个力气大的人，可以战胜十个会武艺的人。比喻在绝对实力面前，一切计谋都是没用的。"巧"：窍门儿、智慧。一个聪明人，可以降服十个有蛮力而没有智慧的人。

老话儿

一亩三分地

这句话比喻地界狭小，也引申为个人的生活圈子。那么，"一亩三分地"最初是指什么呢？清朝皇帝为显示其对农业的重视，特别划出了一块土地，每年在这里"亲耕"，这块地恰好是一亩三分。此地就是中南海里的丰泽园。后来人们就称个人利益或个人势力范围为"一亩三分地"。

有苗三分喜，无苗人发愁

这是一句农业谚语，有苗儿就有收成，没苗儿就没有收成。

一马勺，坏一锅

马勺，即木勺。这句老话儿原意是：一勺子的作料不好，就会使一锅汤都不能喝了，经常用来比喻少数人的不良行为影响了集体的荣誉。

一亩园十亩田

"园"指菜园子；"田"指种植粮食的农田。这句话的意思是说：种菜的经济收益，远远超过种粮食的农田。比喻人们在做事情的时候，要有选择，考虑收效和成果而定。

一人唱不了八仙庆寿

比喻某些事情不是一个人能够干得了的，要靠集体的力量，大家合作，才能够把事情干好。

三 带数字的老话儿

一日夫妻百日恩，百日夫妻似海深

"一日夫妻百日恩"讲究时间跨度是从"一日"到"百日"，或以此类推，"百日夫妻似海深"意思是说，夫妻之间相处的时间越长，感情就会越好。

一人难趁百人意

一人做事很难使大家都称心满意，也就是众口难调，众人的口味很难调配恰当。比喻难以让所有的人都满意。

一日为师，终身为父

哪怕只教过自己一天的老师，也要一辈子当作父亲一样看待。比喻十分尊重老师。

一手托两家

这句话的意思是为两家调解纠纷，态度不偏不向，公平合理。如："我可是一手托两家，出个主意谁也不能吃亏，你们合计合计。"

为促成婚姻，媒人也称"一手托两家"；为促成一桩买卖，中间人也常说他"一手托两家"。

一失足成千古恨

这句老话儿是一句俗语。"失足"，比喻堕落或犯严重错误。指偶一不慎，堕落或犯了严重错误，就成了终身的恨事。

一推六二五

这句老话儿是说遇事推诿，不愿承担责任。此话来自珠算口诀"一退六二五"，"推"与"退"谐音。例如："事到临头，谁也不管了，连你也一推六二五，像话吗！"

一问三不知，神鬼怪不得

所谓"三不知"，是指对情况的开始、发展和结局全然不知道。所谓是"不知者无罪也"，发生了问题，自己不用担责任。这句话还用来指某些人不愿意吐露内心的想法，或者不愿意为一些事承担责任的冷漠态度。

一言既出，驷马难追

这句话是说：说出的话，四匹马也追不上。比喻话一说出口，就无法再收回。也即说话不能反悔之意。这里的"驷马"，同拉一辆车的四匹马。

有枣没枣三竿子

这句俗语是说在情况不明的情况下，还要按照常规的方法去做，也许会有收获。另一个意思是说：不管有事没事都要整一下。

一朝被蛇咬，十年怕井绳

比喻在某件事情上吃过苦头，以后一碰到类似的事情就害怕。被蛇咬过，是一件很可怕的事情，往往给人们的心灵造成很大的伤害。由此可见，灾祸本身往往并不是太可怕，可怕的是它给心灵造成的严重伤害。毒蛇咬人，是在人们在没有防备的时候，猝然受到伤害的，人们在精神上完全处于

放松状态的时候突然遭受灾祸，给人们造成伤害是最痛苦最深刻的。当人们受到最大限度的刺激的时候，就会形成条件反射，一遇到类似的情况，就会立即精神紧张，失去自控能力。

"一朝被蛇咬，十年怕井绳"，这既是一个事实，也是一个比喻，这个比喻，着重指的就是恶人，但是同时也是指一些自然灾害给人们造成的伤害。无论是实指，还是喻指，虽然程度不一样，但是祸害却是一样的，所以说善良的人们一定要提高警惕，防患于未然。

一招鲜，吃遍天

比喻如果有某种特殊的技能，或者对某一项技术有较高的水平，到哪里都用得上。

一只羊也是赶，两只羊也是放

比喻同类的事情多干一些，不会费更大的力气。好比放羊，放一只羊和放两只羊使用的精力几乎是一样的。这句话经常用来比喻养活孩子，养一个孩子和养两个孩子所付出的精力几乎差不多。

一招走错，满盘皆输

在下棋的时候，走错了一步，就会导致整盘棋输掉。经常用来比喻，做一件事情，因受某一局部的影响，而使全局归于失败。

一锥子扎不出血来

这句话是夸张地形容人的性格迟钝，反应很慢，近于痴呆。例如："你跟他要什么主意！他是个一锥子扎不出血来的人。"

老话儿

一字千金

损一字，赏予千金。称赞文辞精妙，不可更改。形容说的话或写的字的价值很高。一字千金出自《史记·吕不韦列传》。

战国末年，秦相国吕不韦秉政，有家僮万人、食客三千。他命门客各著其所闻，汇集为《吕氏春秋》一书。书成，吕不韦令公布于咸阳城门，同时悬千金于其上，声称有能增删一字者，赏千金。西汉时，淮南王刘安撰《淮南子》，亦仿效此法，悬千金以征求意见。后代遂以"一字千金"喻文学作品或书法的造诣深湛。如梁朝诗歌理论家钟嵘的《诗品》，称赞《古诗十九首》："惊心动魄，可谓几乎一字千金。"

早起开门七件事，柴米油盐酱醋茶

这句老话儿，出自元代杨景贤的《刘行首》杂剧，有四句词曰："叫你当家不当家，及至当家乱如麻。早起开门七件事，柴米油盐酱醋茶。"

其实，原来民间流行的说法是八个字，后来人们将那个"酒"字去掉之后变为了七个字。原句出自《梦粱录》："人家每日不可缺者，柴米油盐酒酱醋茶。"

不管是当家七件事也好，还是八件事也罢，反正是都得考虑的。这里说的是当家的不容易，所以又有了后来的"不当家不知柴米贵"之说和"当家才知柴米贵、养儿方晓父母恩"的名句。

早起三光，晚起三慌

这句谚语的意思，旨在号召人们每天早上起床要早一些。起得早，事情就能办得周详些。对身体也有好处，光光彩彩，故曰"三光"；起得晚，时间不够用，办事自然马虎些，对身体亦无好处，每天慌慌张张，故曰"三慌"。"三"，在这里是个虚数。

宰相门前七品官

意思是说：给宰相家看门的人其地位相当于朝廷的七品官员。你要觐见宰相，必须得让看门人通传，所以他们的权力不小。比喻对于大人物的手下人，即使地位不如自己高，也得罪不起。

睁一只眼，闭一只眼

这句话意思是说：不肯认真管理，对人员的要求放松。例如："厂子里对这些小青年儿，缺乏管理办法，只好睁一只眼，闭一只眼，因此形成了纪律松弛的状况。"

走一步看两步

意思是办事要有前瞻意识，做什么事情要考虑到下一步应该怎么做，避免重复和做错。

四 传说故事里的老话儿

　　老话儿不是凭空产生的，除去源于前人生产和生活经验之外，还有一部分是来源于古典文献或者典故，或者是一个古典小说中的故事以及传说故事。这些故事大多是流传比较广泛，为人们所熟悉的，具有典型性，利于传播的。其中某些章节、段落凝聚成一个词组，或者是一个短句，形象地讲明一个道理，或者说明一种现象，经常应用在人们的口语中，以增强语言的表达能力，从而成为了老话儿，是老话儿中的一个组成部分。

病从口入，祸从口出

这句老话儿，古时被当做处世格言而传承。它的意思是，疾病是由于饮食不慎引起的，灾祸是因语言不妥招来的。

语出宋代《太平御览·人事·口》：

> 福生有兆，祸来有端。
>
> 情莫多妄，口莫多言。
>
> 蚁孔溃河，溜沉倾山。
>
> 病从口入，祸从口出。

这里的"蚁孔溃河"，指蚁穴的孔隙能使河堤崩溃，小股的水流能够冲倒高山。"病从口入，祸从口出"就是从这里来的。

不打不相识

这句老话儿，意思是双方不打一场不会相识。表示经过交手较量，互相了解，更加投合。

语出《水浒全传》第三十八回：故事说，李逵船上去要鱼，无意间把船上的鱼放到了江中。于是双方打了起来。"浪里白条"张顺与"黑旋风"李逵，从船上打到江岸，又从江岸打到水中。李逵不是张的对手，被呛得晕头转向，连声叫苦，这时戴宗跑来，喊道："足下先救了我这位兄弟，快上来见见宋江哥哥！"张顺听戴宗一喊，急忙将李逵托上水面，向宋江施礼。戴宗向张顺介绍："这位是俺兄弟，名叫李逵。"张顺说："原来是李大哥，只是不曾相识！"李逵生气地说："你呛得俺好苦哇！"张顺笑道："你也打得我好苦呀！"说完，二人哈哈大笑。戴宗说："你们两个今天可做好兄弟了。常言说：不打一场不会相识！"几个人都笑了起来。

半吊子

"半吊子"与"二百五"词义相近，都是流行甚广的俗语。经常用来指那些憨傻、缺心眼或行为鲁莽之人。那么，为什么称这些人"半吊子""二百五"呢？

原来这种诙谐的称谓与古代的钱币有关。古代钱币外圆中间有方孔，曰"孔方兄"。古人为了便于数钱、付钱和携带方便，就用绳子从孔中把钱串起来，一千枚为一贯，后来叫作一串。到了清朝，一串又称一吊。一千枚钱称一吊，那么五百钱就是半吊，用半吊不够一吊的数，比喻心眼不够数之人。半吊的一半是二百五，比喻心眼更不够数之人。所以一般人都很忌讳二百五这个数，如商品价格应为250的，标价249或251也不标250，发补助该发250的，发260也不发250等等。由此可见，"半吊子""二百五"都是从钱引出来的，用来嘲讽那些智商低、行为鲁莽做错事的人。如"某某半吊子"，谁做了不应该做的事就说："你二百五呀！"等等。

不入虎穴焉得虎子

东汉时，大将班超被派往西域进行联系。他和随从先到了鄯善，鄯善国王对他们十分敬重，热情款待他们。可是过了一段时间之后，忽然对他们冷淡了。班超发现不对劲，就派人去打听情况，发现是他们的敌人、北方的匈奴派了比他们更多的人来联络鄯善的国王，这使国王十分为难。

于是，班超召集同来的36个人一起商量这件事。班超说："我们都面临很大的危险，匈奴人才来几天，国王就对我们冷淡了，再过几天恐怕就要把我们绑起来送给匈奴人了。要那样的话，我们连骨头都剩不下了。到了这样的关头，我们只有拼了。不入虎穴，焉得虎子？我们今夜就潜入匈奴人的住

四 老 话 儿 的 来 历

251

地，把他们一起消灭。只有这样，鄯善国才能诚心诚意地归顺汉朝。"当天夜里，班超他们以少胜多，消灭了匈奴的使者，不入虎穴，焉得虎子这句话也流传开来。

在民间，老百姓又将这句话更加口语化了，变成了不进老虎洞，逮不住虎仔子。用来比喻要想获得成功，就要敢于冒大的风险。

本色当行

做本行的事，成绩十分显著。"本色""当行"，都是内行的意思。"当"，是"在"的意思。

宋代诗人陈师道曾云："退之以文为诗，子瞻以诗为词，如教坊雷大使，虽极天下之工，要非本色，今代词手，唯秦七、黄九耳。"意为苏轼作词，亦如韩愈作诗，虽好而不是词的本味，唯有秦观、黄庭坚之词，方是作词正道。同时的晁无咎却说："苏词虽稍不谐律吕，盖横放杰出，曲子中缚不住者；而黄山谷词固高妙，然不是当行家语，乃著腔子唱和诗耳。"南宋诗论家严羽要求作诗"须是本色，须是当行"，即本陈、晁两家之说。本色即诗文体裁的本味；当行，犹言内行。后来诗文中常用"本色当行"形容恪守体裁而能致精妙之作家作品。

冰雪聪明

比喻人聪明。

出处：唐代杜甫的《送樊二十三侍御赴汉中判官》诗："冰雪净聪明，雷霆走精锐。"

例子：以冰雪聪明的文章，写雷霆精锐的思想，这种议论，就容易动人听闻了。（清·曾朴《孽海花》第十回）

从成语中，我们可以看到我国各地不同的气候特征，反映了我国四季分明的气候特点，冰雪伴随着人们度过冬季，人们大都赋予了"冰雪"以积极的意义，表示了好感。如用"冰心玉壶、冰魂雪魄、冰清玉洁"等比喻高尚纯洁的品德，用"冰雪聪明"形容人明慧颖悟，用"冰肌玉骨、冰肌雪肤"等比喻女子肌肤光润莹洁。也常用"冰雪"形容恶劣的环境，如"冰天雪地、雪上加霜、雪窖冰天、滴水成冰"等。

藏拙

1. 掩藏拙劣，不以示人，常用为自谦之辞。

2. 故意不露锋芒，使外表看起来笨拙愚鲁，用于形容人谦逊、有意不冒尖。

南朝诗人徐陵，为当时宫体诗的重要作者，在文坛上与庾信齐名。北齐史家魏收曾收录所作诗文，编成一集求教，意在借徐陵重名，请其将诗集刊刻传播。徐陵却竟将魏收诗集投入江中。旁人问其故，徐陵答道："吾为魏公藏拙。"意为魏收诗不佳，一旦传布，适足自形其拙劣。藏拙即隐藏短处，不以示人。后人常用为自谦之辞。唐罗隐《自贻》："纵无显效亦藏拙，若有所成甘守株。"

春风得意

春风：春天和煦的风；得意：称心如意。和暖的春风很适合人的心意。后形容人处境顺利，做事如意，事业有成。

唐代诗人孟郊，少年时隐居嵩山，两试进士不第，曾作《下第》诗一首，中有云："弃置复弃置，情如刀剑伤。"又作《再下第》诗云："一夕九起嗟，梦短不到家。两度长安陌，空将泪见花。"表达考场失意和仕途困顿的痛苦心情。直至四十六岁他才应试中举，欣喜之情，不能自已，遂作《登科后》诗云："昔日龌龊不足夸，今朝放荡思无涯。春风得意马蹄疾，一日看尽长安花。"后因以"春风得意"喻进士及第。元乔吉的《金钱记》"他见我春

风得意长安道，因此上迎头儿将女婿招"，用典本此。（典见《唐才子传》）

吹牛不上税

形容无限度地吹牛，说大话，不着边际。

有一个山东人对一个苏州人说："听说你们苏州的桥很高。"苏州人回答："对啊，去年六月有一个人从桥上掉下来，到现在还没落水呢。"接着苏州人问山东人："我也听说你们山东的萝卜很大，我很想去见识一下。"山东人说："你不用去山东看了，因为明年我们的萝卜就长到苏州来了。"

撑死胆大的，饿死胆小的

这句老话儿，关键在于对其中"胆"字的理解。含义的辩证。"胆"有三层含义。其一是"胆怯"，其二是"胆大妄为"，其三是"胆识"。一个人在平时的工作和生活中，如果在合理、合法、该做的事情面前"胆怯"，就会无所适从，也不会发挥自己的创造力，甚至视机遇而不见，成为不被世人同情，而该被"饿死"的人；但如果你置法律于不顾，争名夺利，"胆大妄为"，尽管偶然得到了令人羡慕的回报，但最终会因这非法之举而遭遇横祸，最终被"撑死"，甚至遭受牢狱之灾。

而另一方面，如果你知法、懂法、守法，具有超人的"胆识"，所做之事既符合社会道德标准而又不与国家法律相抵触，你就会在繁荣的市场经济大潮中，发现机遇，把握机遇，甚至创造机遇，造就辉煌的事业，成为令世人推崇的时代弄潮儿。

点睛

原形容梁代画家张僧繇作画的神妙，后多比喻写文章或讲话时，在关键处用几句话点明实质，使内容生动有力。

晋代大画家顾恺之作人物像，或数年不点眼睛。人问其故，答曰："四体妍蚩，本无关于妙处；传神写照，正在阿堵中。"阿堵，犹今吴语"这个"。意思是人体其他部分画得美一点或丑一点无关紧要，不是画的灵魂，传神逼真之处，正在这一点（眼睛）上。他曾在瓦官寺北殿画维摩诘像，画终将欲点眼时，对寺僧预言："此画一点睛，不出三日，观赏者毕至，可得百万钱布施。"画像揭幕后，所得布施钱果然大大超过此数。又相传南朝梁时画家张僧繇在金陵安乐寺壁上画龙四条，均不点睛，谓如点睛，龙即飞去。寺人不信，再三恳求。张僧繇点睛后，果然雷电破壁，两条点睛的龙腾云飞去。后常以"点睛"比喻行文中神情飞动的警句或文中要旨。

当局者迷，旁观者清

这句老话儿，意思是下棋的人往往容易迷惑，而观棋的人往往能看清棋路。比喻当事人因为利害得失考虑过多陷入主观、片面、难免糊涂，反而不及旁观者看得全面清楚。

语出唐代《旧唐书·元行冲传》："当局者为，傍观见审。"故事说，唐朝大臣魏光上书唐玄宗，要求把唐朝名相魏征编修的《类礼》即《礼记》列为经书，也就是作为儒家的经典著作来看。玄宗当即表示同意，并命令元澹（字行冲）仔细校阅，再加上注释。

过了一个时期，元行冲完成了任务，把魏征的本子编成了50篇，加了注释，呈送给玄宗。不料右丞相张悦对这样做有不同意见。他认为，原来用的西汉戴圣的本子使用了近千年，东汉的郑玄也为它加了注释，为什么还要改用魏征的本子呢？玄宗一听，觉得也有道理，便改变了主意。元澹，也就是元行冲认为还是换一下版本好，他写了一篇文章，起名《释疑》，用来表示自己的观点，这篇文章采用的是主人与客人对话的形式写成的。客人问："《礼记》这部书，究竟哪个编的好？"

主人答："戴圣编的本子从西汉到现在，已经过许多人的修订、注释，矛盾之处很多。魏征考虑到这个情况，对它进行了修订、整理，哪知那些墨守成规的人竟会反对！"

客人说："就像下棋一样，局中人反而迷惑，旁观者倒看得清楚。"

登龙门

比喻得到有名望、有权势者的援引而身价大增。后亦指科举时代会试得中。

黄河禹门口（在今山西河津市西北和陕西韩城市东北），两岸峭壁对峙，形如阙门。古代传说，每年春末数千尾鲤鱼集于此，争登龙门。能跃登者不过七十二尾。登龙门后，鲤即化为龙，故禹门亦称为龙门。《后汉书·李膺传》："膺独持风裁，以声名自高。士有被其接者，名为登龙门。"唐代李白《与朝荆州书》："一登龙门，则声誉十倍。"科举时代凡会试得中，致身荣显，也叫登龙门。《封氏闻见记》卷二"贡举"："故当代以进士登科为登龙门"。

打破砂锅问到底

相传，在一个村子里有这么一户人家，婆婆做事很精细，干什么都非常认真；媳妇却很马虎，什么事凑合过去就行了，从不讲究。因为性情不同，这婆媳二人经常吵架，总是要公公从中调解。

一次，公公出门做生意去了，不在家。偏巧这时，媳妇做饭时一不小心打破了一口砂锅，她怕婆婆知道后又要吵骂，便偷偷把砂锅扔了。过了几天，婆婆发现家里少了一只砂锅，就问媳妇砂锅怎么没了，媳妇见瞒不过去，就如实说了。婆婆一听非常生气，打碎了东西，还敢隐瞒，以后还不知要瞒多少事呢！两人又大吵一架，这次没有公公调解，事情没法收场了。

婆婆给公公写了封急信，要他回来。公公打开信一看，原来只是打破了一只砂锅，这么一件小事闹得这么厉害，两个人一定又都钻牛角尖了，他给妻子回了一信，写道：

"打破砂锅问到底，切莫吹毛又求疵。"

丁是丁，卯是卯

一种说法是，它源于我国的天干地支纪年法。丁：天干之一。卯：地支之一。丁是天干第四位，卯是地支第四位，虽同是第四位，却不容混淆。形容做事认真，丝毫不含糊。

另一种说法认为，"丁"是"钉"字的谐音。在木工活计里，把两个部件连接起来常用到榫卯结构，榫又叫钉榫，钉榫与卯眼的大小必须等同，连接起来才能结实牢固，不容易松动。

关于"丁是丁，卯是卯"的解释，两种说法虽然不同，却都说明了做事情要态度认真、准确无误的道理。

传说在隋朝末年，隋炀帝举行了一场比武大赛，各路英雄云集于此，经过一番厮杀争斗，罗成夺了头名。监考官杨林见罗成相貌堂堂，武艺出众，便想收他做干儿子，罗成自然是不会同意认奸臣杨林为父，杨林一气之下，便诬陷罗成，说他想要谋反，将他关进大牢。罗成的结拜义兄程咬金闻讯赶来营救，也中了杨林的埋伏，被捉了起来。

那天观看比武的有一位沙陀国公主，她被罗成的英姿迷住，现在见罗成入狱，就想营救他出来。一天夜里沙陀公主在杨林的密室偷出一支令箭，赶快到狱中去救罗成，罗成拿着令箭一看说："公主，这是银钺卯时令箭，我们可以出牢房，但却不能逃出城。你要盗得一支金钺丁时的令箭才行，丁是丁，卯是卯，不能蒙混的。"公主一听，又返回杨林处，想尽各种办法，又盗来一支金钺丁时令箭，使得罗成等安全出城。

现在，"丁是丁，卯是卯"这句话常用来形容办事认真，一点不含糊，不通融。

店小二

是指古代饭店、旅店里的服务员，那么，为什么要称他们为"店小二"呢？

在旧社会，生活在社会底层的普通老百姓一般是没有名字的，只有上了学才有学名，一旦做了官也就有了官名。但是，普通百姓家能够上学或当官的只是极少数，绝大多数没有这个机会。因此，他们的名字多是用行辈或者父母年龄合算一个数目作为称呼。如明代常遇春的曾祖父叫"五四"，二哥叫"重六"，三哥叫"重七"，他本人叫"重八"。古代酒店或旅店里的服务员，很显然都是老百姓，所以，人们也要给他们取一个数目符号用来称呼。当家老板是理所当然的"店老大"，这些服务员也就随之被人们称为"店小二"了。

腹稿

指内心酝酿成熟以供表达的诗文构想。腹稿的典故，源出自王勃写作的故事。《新唐书·王勃传》载："勃属文，初不精思，先磨墨数升，则酣饮，引被覆面卧，及寤，援笔成篇，不易一字，时人谓勃为腹稿。"《宋史·徐积传》中也有关于"腹稿"的记载："自少及老，日作一诗，为文率用腹稿，口占授其子。"后来，人们就把预先想好而没有写出来的文稿称为"腹稿"。

初唐诗人王勃，少年时即有才名，后与杨炯、卢照邻、骆宾王齐名，被称为"初唐四杰"。王勃诗风清新，为文也沉雄博丽，冠绝一时，著名的《滕王阁序》就是他的脍炙人口之作，其中"落霞与孤鹜齐飞，秋水共长天一色"两句，更是传诵千古的名句。传说他写文章，先把墨磨好，再以被子覆面卧床，然后起而疾书，文不加点，一气呵成，时人谓之腹稿。后常称下笔前的构思为"腹稿"。清代赵翼《不寐》诗："老来无寐夜景清，聊营腹稿待天明"，即用此典。（典见《唐语林》《唐诗纪事》《唐才子传》）

老话儿

飞毛腿

1. 飞毛腿一词的由来，源自古代的邮务系统。古时候交通不像现在便利，所以相隔两地的信息往来是件很不容易的事。中国自汉朝以来官方就发展出一套邮务系统（秦朝之前就有，不过汉朝将其制度化，颁有《邮驿令》），也就是"邮驿站"。邮驿站有点像现代的邮局加旅馆，让传递信息的人员和坐骑有休息的场所，邮驿站一开始是专属官方公务使用（元朝以后才开始接受处理民间书件往来），通常是军事用途。当有十分紧急的情报需要传递时，就会派出信使（像现代的快递员），连日连夜马不停蹄赶路，即使到邮驿站时也是换马不换人，务必在最短时间将信件送达！这种紧急的军事文书，通常在信封一角会黏根羽毛（提醒你内容可是十万火急，叫你要像鸟一样用飞的），称为"羽檄"。王维《老将行》："贺兰山下阵如云，羽檄交驰日夕闻。"

有时马匹无法到达的地方，也会派出善于快跑的人想办法将羽书送达，这些人被称为"健步"，或"急脚子"或"快行子"！后来人们就引用这个典故，将那些健步如飞的人称为"飞毛腿"，意思就是说这些人的脚力，足可担任送羽檄的责任，跑起来像是在送紧急军情，速度非常的快。所以飞毛腿的"毛"是"羽毛"之意，可不是"腿毛"。

2. 来源于中国古代的神话天庭中御用的信差，就是一个双脚两侧各长一对小翅膀的。行走如飞，所以称为飞毛腿。意思就是快。

3. "飞毛腿"最初是用来骂人的，"飞你个毛呀，一腿飞出去了，比跑的还快。"

4. 传说有个人生了个孩子，生下来就会飞檐走壁，草上飞，后来人们发现孩子脚底下有毛，大人把毛剪掉后，孩子就不会飞了，和正常人一样了。后来称跑得快的人，叫飞毛腿。

过河拆桥

宋代宗杲的《大慧语录》卷十二：“咄哉灭胡种，面目真可恶。过桥便拆桥，得路便塞路。虽欲强柔和，毕竟触人怒。万事类如此，谁敢相亲附。”“过桥拆桥”语本于此，后演变成“过河拆桥”。比喻达到目的后，就把曾经帮助自己的人抛开。《醒世姻缘传》第十四回：“那个晁大舍，这城里是第一个有名的刻薄人，他每次是过了河就拆桥的主儿。”周而复的《上海的早晨》第四部二七：“这样大的事竟然没有通过冯永祥和商界大佬们商量，那不是过河拆桥吗？”

高山流水

春秋时俞伯牙工琴，琴曲托意遥深，常人难解，仅钟子期能赏。伯牙鼓琴，志在高山，钟子期赞曰：“善哉，峨峨兮若泰山。”伯牙旋又志在流水，钟子期叹曰：“善哉，洋洋兮若江河。”后钟子期去世，伯牙痛失知音，废琴终身不弹。后人遂以“高山流水”，喻知音难遇，亦指乐曲绝妙。如董解元的《西厢记》有“不是秦筝合众听，高山流水少知音”句。明冯梦龙编《警世通言》中有《俞伯牙摔琴谢知音》小说一篇。

挂羊头卖狗肉

这句老话儿是从“挂牛头卖马肉”发展而来的，语出《晏子春秋·内篇杂下》。

故事说，春秋时期，齐国的国君齐灵公喜好女人穿男人衣服，因此，国都里的女人投其所好，全都穿起了男人服装。可是不久，齐灵公又改变了主意，派官吏去禁止这种女子穿男装的风尚，说：“凡是女子穿男子服装的，就撕坏她的衣服，割断她的衣带。”这样一来，身穿男装的女子一个接一个地被撕坏衣服，割断衣带，但还是无法完全禁止住女穿男装的潮流。有一次

老话儿

晏子拜见齐灵公，齐灵公问道："我派官吏禁止女子穿男子服装，被撕坏衣服，割断衣带的人一个接一个，可是依然禁止不住，这是什么原因？"晏子回答道："君王让宫内的女人穿戴男人衣服，却又禁止宫外的女人穿，这种做法，就如同把牛头挂在门上，而在门内卖马肉一样。君王为什么不禁止宫内的女子穿男人服装呢？如果能这样做，宫外的女子就不敢穿了。"齐灵公说："好。"立即命令宫内女子不许再穿男子服装。一个月后，国都里的女子均不再穿男子服装了。

"挂羊头卖狗肉"这句老话儿就是从这个故事演变而来的。人们用它比喻用假招牌、假货色骗人，名不符实。

嘎杂子

嘎杂子：谓心计坏、怪主意多的人。说小孩时，有聪明、调皮的意思，表示喜欢他，此时是褒义；说行为不好的人时，则是贬义。

虎毒不食子

"虎毒不食子"这句老话儿常被人们拿来鞭笞虐待儿童、遗弃幼儿的人，是保护妇女儿童利益时常说的一句话。虎不仅不食其子，而且善于防范其子被食。宋代周密的《癸辛杂识集·卷下》记载了一个"虎母渡子过河"的故事："谚云：'虎生三子，必有一彪。'彪最犷恶，能食虎子也。余闻猎人云，凡虎将三子渡水，虑先往则子为彪所食，则必先负彪以往彼岸。既而挚一子次至，则复挚彪以还。还则又挚一子往焉。最后始挚彪以去。盖极意关防，唯恐食其子故也。"

故事说的是，母虎不食子，而虎生三子，必出一彪，这个彪却能伤害幼虎。当然了，有母虎在彪也不敢行动。所以这母虎在每次只能背一个幼虎过河时，为了保护幼虎不被彪伤，使用了巧妙的办法，即：第一步，先把彪单独背过河去，放在对岸；第二步，背一个幼虎到对岸放下，同时把彪背回来

261

放下；第三步，将彪单独留下，背另一个幼虎到对岸；第四步，再把彪背到对岸，这样一来，母子四个同在一处，有母看着彪就不敢伤害幼虎了。

这个故事，不仅突出了"虎不食子"这一母爱的天性，还充满了中国古人的聪明智慧。

画虎不成反类犬

"画虎不成反类犬"这句老话儿，是说因为技术不高，画虎画不成，画得反而像条狗。"类"，类似，好像。此语比喻模仿的效果很差，弄得不伦不类；从事非力所能及的事情而一无成就。也常用来比喻不切实际地追求过高目标，反而弄巧成拙，留下笑柄。

语出《后汉书·马援传》。东汉刘秀手下名将马援，给两个侄子写信，即著名的《诫兄子严敦书》。这两个侄子，一个叫马严，一个叫马敦。据说都好讥讽、议论别人，并喜欢和侠客交游。

在信中，马援首先说道：希望你们听到有人议论别人过失时，能够像听到议论自己父母那样，只可耳听，不要议论。接着马援表明了自己的态度，一生最反对议论别人的短长。信中举出了两个人物为例，让子侄学习中注意：一个是龙伯高，厚道谨慎，说话有分寸，恭谦节俭，廉明公正，职位虽不高，希望你们向他学习。另一个是杜季良，为人豪侠，好讲义气，不论好人坏人他都能交朋友，为父办丧事时，宾客如云，良莠皆有。我虽尊重他，但却不希望你们效仿他。

你们如向龙伯高学习，即使学不成，还可以刻鹄不成像只鹜，样子还差不多。如果你们学杜季良，如果学不成，就会成为轻浮浪荡人，就像画一只老虎，如果画不成老虎就只能像只狗了。

后来，"画虎不成反类狗"引申为"画虎类犬"，用来比喻好高骛远，想干一番大事业，结果却一事无成，反成笑柄。

老话儿

葫芦里装的什么药

这句老话儿，是说不明白别人的想法。

此说源自《清稗类钞》中的一个故事。有人收藏了一幅画，画的是八仙之一铁拐李。一位文人应邀为这幅画题诗曰：

葫芦里是什么药？

背来背去带肩膀。

个中如果有仙丹，

何不先医自己脚？

传说中的铁拐李云游四海，总忘不了带着那只装着仙丹的葫芦，为人解病排忧。可让人不解的是，他却治不好自己的瘸腿。由"葫芦里是什么药"到"葫芦里装的什么药"，也有说"葫芦里卖的什么药"，就是从"题诗八仙铁拐李"这首打油诗中来的。

换汤不换药

这句老话儿，是说换了药方而没有换药。比喻只改变形式，没有改变内容。这里的"汤"，是"汤头"，指药方，不是熬药用的水。

故事出自清代张南庄的《何典》第三回：活鬼得重病，去找试药郎中（庸医，诊病以病试药）。试药郎中拿出三五粒丸药，说这是一服安心丸，用三宝汤送下，两三日便好。可是活鬼吃了却不管用，再次请得那位郎中来，而那个郎中拿出两个纸包，说这是两副安心散，吃了包你痊愈。活鬼吃后亦不见效。事不过三，第三次，试药郎中说这是"安心膏"，活鬼再也不信了，只好另求他医。

"换汤不换药"这类故事，不仅古代有，现在依然盛行，只不过包装得更加隐蔽而已。

韩信将兵

据说有一次刘邦偷偷来到韩信的兵营察看，并盗了他的兵符。后来在营帐中问韩信："你觉得我能带多少兵？""十万。"韩信很干脆地回答。刘邦又问："你能带多少兵？"韩信说："臣带兵多多益善！"刘邦听了有点不爽。韩信又说："臣是将兵之将，大王您乃将将之将！"刘邦听了很高兴，于是又把兵符给了韩信。后来变成"韩信将兵，多多益善"这个成语，意思是说某样东西越多越好。

结草衔环

结草：把草结成绳子，搭救恩人；衔环：嘴里衔着玉环。旧时比喻感恩报德，至死不忘。结草与衔环都是古代报恩用的。前者讲一个儿子将其父的爱妾另嫁他人，不使殉葬，爱妾已死去的父亲为替报恩，将地上野草缠成乱结，绊倒恩人的敌手而取胜。后者讲有个儿童挽救了一只受困的黄雀，黄雀衔来白环四枚，声言此环可保世代子子洁白，身居高位。后将二典故合成一句。

知恩图报、滴水之恩当涌泉相报、感恩报德，一直被认为是中华民族引以为傲的传统美德。成语"结草衔环"的典故不仅向我们讲述了成就这美德的两个感人至深的故事，还告诉我们"善有善报"是亘古不变的天理。

"结草"的典故见于《左传·宣公十五年》。公元前594年的秋七月，秦桓公出兵伐晋，晋军和秦兵在晋地辅氏（今陕西大荔县）交战，晋将魏颗与秦将杜回相遇，二人厮杀在一起，正在难分难解之际，魏颗突然见一老人用草编的绳子套住杜回，杜回站立不稳，摔倒在地，当场被魏颗所俘，使得魏颗在这次战役中大败秦师。

晋军获胜收兵后，当天夜里，魏颗在梦中见到那位白天为他结绳绊倒杜回的老人，老人说，我就是你把她嫁走而没有让她为你父亲陪葬的那女子的父亲。我今天这样做是为了报答你的大恩大德！

原来，晋国大夫魏武子有位无儿子的爱妾。魏武子刚生病的时候嘱咐儿子魏颗说："我死之后，你一定要把她嫁出去。"不久魏武子病重，又对魏颗说："我死之后，一定要让她为我殉葬。"等到魏武子死后，魏颗没有把那爱妾杀死陪葬，而是把她嫁给了别人。魏颗说："人在病重时，神志混乱不清，我嫁此女，是依据父亲神志清醒时的吩咐。"

"衔环"典故则见于《后汉书·杨震传》中的注引《续齐谐记》，杨震父亲杨宝九岁时，在华阴山北，见一黄雀被老鹰所伤，坠落在树下，为蝼蚁所困。杨宝怜之，就将它带回家，放在巾箱中，只给它喂饲黄花，百日之后的一天，黄雀羽毛丰满，就飞走了。当夜，有一黄衣童子向杨宝拜谢说："我是西王母的使者，你心地仁爱救了我，我很感激。"并以白环四枚赠予杨宝，"它可保佑君的子孙位列三公，为政清廉，处世行事像这玉环一样洁白无瑕。"

果如黄衣童子所言，杨宝的儿子杨震、孙子杨秉、曾孙杨赐、玄孙杨彪四代官职都官至太尉，而且都刚正不阿，为政清廉，他们的美德为后人所传诵。

后世将"结草""衔环"合在一起，流传至今，比喻感恩报德，至死不忘。

江郎才尽

江郎：指南朝江淹。原指江淹少有文名，晚年诗文无佳句。比喻才情减退。南朝梁代文学家江淹，早年即以文章著名，他的《恨赋》《别赋》更是抒情小赋中的名篇，故被时人称为江郎。传说他曾两次得梦，一次梦见西晋诗人张协对他说：前以一匹锦相寄，今可见还。江淹就把剩下的锦缎奉还，这人就大怒说：怎么都割截完了！便将所余锦赠予江淹同时的文学家丘迟，说道：余此数尺既无所用，以遗迟。从此，江淹文思滞涩，遂无佳篇。另一次梦见一个自称郭璞的男子对他说：吾有笔在卿处多年，可以见还。江淹就从怀中取出五色笔奉还，此后，作诗遂无佳句。江淹后期诗文大不如前期，故时人谓之才尽。后人常用"江郎才尽"比喻文思减退。

君子之交淡如水

老话儿说："君子之交淡如水，小人之交甘如醴。"是说春秋末年，孔子因再次被逐出鲁国，在宋、卫等国流浪，朋友们都渐渐与他疏远。孔子在经历挫折之后，向隐者请教形成这种窘境的原因。隐者告诉他：人与人相交以势力相结合的人，在穷迫祸患之际，必然负心相弃；不计较势力，朋友才能长相处。水是人们日常生活中不可缺少的东西，即使它没有诱人的芳香，人们也离不开它；甜酒虽然美味可口，但容易使人陶醉。那位隐者对孔子说："君子之交淡如水，小人之交甘如醴。"这里的"醴"即指甜酒。后来，这句话便被后世引用，流传至今。

还有另一个说法："君子之交淡如水"源于唐朝薛仁贵。相传，唐朝贞观年间，薛仁贵尚未得意，与妻子柳金花落难，住在一座破窑洞中，衣食无着，全靠王茂生夫妇经常接济，才勉强度日。后来，薛仁贵参军，跟随唐太宗李世民东征，立下了大功，被封为平辽王。一登龙门，身价百倍。满朝文武为巴结讨好平辽王，前来送礼络绎不绝，却被薛仁贵一一谢绝。唯独收下了普通百姓王茂生送来的"两坛美酒"。执事官开启酒封，说是"两坛清水"。薛仁贵不但没有生气，而且当众喝下三碗清水，并当众说道："昔日如果没有王兄的资助，就没有我的今天。如今，我美酒不沾，厚礼不收，却偏偏收下王兄送来的清水，这叫君子之交淡如水。"于是，后人常用这"君子之交淡如水"来形容朋友之间的真挚友谊了。

狼狈为奸

狼狈：狼和狈一同出外伤害人，狼用前腿，狈用后腿，既跑得快，又能爬高。比喻互相勾结干坏事。

狼：居住在洞穴中，比狗大，尖头尖嘴，白颊而两肋相连，身体前高后宽，腿不是很高，能吃鸡、鸭、鼠类。色黄黑相杂，也有苍灰色的，它的声音能大能小，它的肠直，所以鸣叫时后窍都会开动。

狈：为中国传说的一种动物，犬属，为狼的近亲。由于狈的前腿特别短，所以走路时要趴在狼的身上。有见及此，狈没有独自生活的能力，一旦没有狼的扶助，就不能行动。"狼狈生子或欠一足二足者，相附而行，离则颠。"这一解释比较合乎科学道理：第一，狈并非传说中的兽，自然界里有狈；第二，狈就是狼生下的畸形后代，一条腿或两条腿发育不全，走起路来要趴在健全的狼身上。狼一离开，就要跌倒。李时珍在《本草纲目》里引《食物本草》中谈到"狈"时说："狈足前短，能知食所在。狼足后短，负之而行，故曰狼狈。"狼群中的畸形狼较罕见，又难以自己去觅食，存活下来的数量更少。曾有人亲眼在狼群中见到狈的身影，当驱散狼群时，狈趴在地上急得团团转，寸步难行，才知道狈就是畸形的狼。

乐此不疲

因酷爱干某事而不感觉厌烦。形容对某事特别爱好而沉浸其中。

《后汉书·光武帝纪下》载：东汉光武帝刘秀每日视朝，日落才罢；又常与公卿百官讲论经理，夜半方寐。皇太子见其勤劳不怠，曾谏曰：愿颐爱精神，优游自宁。光武帝道：我自乐此，不为疲也。又唐代张文琮酷爱书法，笔不释手，子弟劝其休息，他说：吾好此，不为倦。后人因称耽乐其事、不觉疲倦为乐此不疲。

龙虎榜

揭示的名单，指一个时期内的社会知名人士同登一榜。

唐德宗贞元八年（729）会试，当时天下名士韩愈、李观、李绛、崔群、王涯、冯宿、庾承宣、欧阳詹等二十三人同登进士第，得人才之盛。于是时人称为龙虎榜。后凡会试中选者亦被呼为登龙虎榜。在北宋孙仅举进士第一，王禹偁以诗贺之，曰："粉壁乍悬龙虎榜，锦标终属鹡鸰原。"龙虎榜亦称虎榜（但清代以后，虎榜专指武科），元方回《石峡书院赋》"领袖者谁？予同姓兮，又同登于虎榜"；萨都刺《及第谢恩崇天门》"虎榜姓名书敕纸"，均用此典。

露马脚

人们把不小心露出原形称为"露马脚"。那么，"露马脚"之说是怎么来的呢？有两个版本。一说源于唐代，每逢喜庆活动，人们有舞麒麟的习俗。其实世界上没有麒麟，是古人想象出来的吉祥仁兽。为此，人们便把绘制的麒麟皮包裹在马身上假作麒麟。马在翩翩起舞时，若麒麟皮包裹不严密，则会露出马脚来，于是被称之为"露马脚"。另一说源于明代，那时妇女均是小脚，而明太祖朱元璋的马皇后却有双未经缠裹的大脚。女子大脚为当时一大忌讳，故马皇后终日用长裙掩饰，从不将脚露出裙外。一次，马氏乘轿游览金陵街头，不料轿帘忽然被一阵大风掀起，结果她搁在踏板上的一双大脚露了出来，故称"露马脚"。

力透纸背

1. 力：笔力；透：穿过。用毛笔写出来的作品，在宣纸的背后，能够看到写字运笔时笔锋留下的墨线。形容写字、画画技巧精湛，力道十足。

2. 形容诗文等作品运力巧妙，内涵深刻。

颜真卿为著名的书法家，其《张长史十二意笔法记》中，称赞张旭的书法："当其用锋，常欲使其透过纸背，此功成之极矣。"故后以"力透纸背"形容书法遒劲有力。又用以形容诗文立意深刻，造语精警，如清赵翼评陆游诗："意在笔先，力透纸背。"

老话儿

梦笔生花

比喻才情横溢，文思敏捷，也可以理解为写作水平很高。五代王仁裕《开元天宝遗事·梦笔头生花》："李太白小时候，梦所用之笔，头上生花，后天才赡逸，名闻天下。"

李白是唐代伟大诗人，他与杜甫并称为我国诗史上的"双璧"。民间爱慕其诗才，曾创造多种传说、故事。相传李白少年时，曾梦见笔头生花。自此，便天才横溢，文思泉涌。后人也因此以"梦笔生花""生花妙笔"等语赞誉人的文才，清人弹词《笔生花》即以此为名。唐钱起《送郭秀才赴举》诗："新经梦笔夜，才比弃繻年。"

马大哈

是指马马虎虎、大大咧咧、嘻嘻哈哈全无所谓，草率办事之人。出自二十世纪五十年代由何迟创作，马三立表演的相声《买猴儿》。

此人马虎成性，有一次竟然把"到（天津）东北角买猴牌肥皂 50 箱"的通知，错写成了"到东北买猴儿 50 只"。结果，官僚主义和盲从作风助长了"马大哈"的错误，致使采购员跑遍了大半个中国，掀起了一场"买猴儿"风波。《买猴儿》的成功使其成为著名相声作家何迟的"内部讽刺相声"的代表作，"马大哈"这一形象也由于具有广泛而准确的概括意义，同中外文艺作品中的阿Q、堂吉诃德等典型形象一样，成为现实生活中某种人的代名词。

买东西

在平时，经常会听到"买东西"这三个字。这三个字是从东汉时期遗留下来的，因为在东汉时，商人们开店交易大多集中在东京洛阳和西京长安。人们到那儿去采购物品，就说"买东""买西"。时间一久，就统称为"买东

西"了。

马虎

人们把办事粗枝大叶称为"马虎"。宋朝有位画家，一次刚画好一个虎头，此时又有人请他画马，于是他不假思索，居然就在画好的虎头后面画上了马的身子，成为马身虎头的"马虎图"。此时，画家的大儿子问他"是马还是虎"。他说是虎。可是他的小儿子问他，他又说是马。岂料，后来大儿子去打猎，遇见一匹马，他误认为是虎，将马射死，结果不得不给马主赔偿损失；小儿子在野外遇到一只虎，他误认为是马，便跑上前去骑它，结果被虎吃掉。最后，这位画家痛心疾首，愤然把"马虎图"付之一炬，并作诗一首引以为戒："马虎图马虎图，似马又似虎。大儿依图射死马，小儿依图喂了虎。草堂焚烧马虎图，奉劝诸君莫学吾。"

名落孙山

名落孙山：婉言应考落榜。出自宋代范公偁的《过庭录》。吴地（今苏州一带）有一人叫孙山，是个能言善辩的才子。孙山去别的城参加科举，同乡人托孙山带他儿子一同前往。同乡人的儿子未被录取，孙山的名字虽然被列在榜文的倒数第一名，但仍然是榜上有名，孙山先回到故乡，同乡便来问他儿子有没有考取，孙山说："中举人的名单上最后一名是孙山，您的儿子排在我后面呢。"

鸟尽弓藏

把鸟射完以后，弓就用不着了。汉高祖刘邦的妻子吕后怀疑韩信谋反，把他抓起来。韩信说："狡兔死，走狗烹，高鸟尽，良弓藏；敌国破，谋臣亡。现在天下已定，我是应该死了。"见《史记·淮阴侯列传》。又《越王勾践世家》也载有范蠡的话："飞鸟尽，良弓藏。"后以"鸟尽弓藏"为事后抛弃有功之人的典故。

宁为玉碎，不为瓦全

语出自《北齐书·元景安传》。原文为："天保时，诸元帝室亲近者多被诛戮。疏宗如景安之徒议欲请姓高氏，景皓云：'岂得弃本宗，逐他姓，大丈夫宁可玉碎，不能瓦全。'景安遂以此言白显祖，乃收景皓诛之，家属徙彭城。由是景安独赋姓高氏，自外听从本姓。"

这个故事发生在南北朝时期的北齐，北齐是灭东魏元氏建立的高氏政权，习称"元魏、高齐"。公元 550 年，东魏孝静帝被迫让位给专横不可一世的丞相高洋。从此，北齐代替了东魏。高洋心狠手辣，次年又毒死了孝静帝及其三个儿子，来个斩草除根。

高洋当皇帝第十年六月的一天，出现了日食。他担心是不祥之兆，于是问亲信："西汉末年王莽夺了刘家天下，为什么后来刘秀又把天下夺回来？"那亲信说不清道理，随便回道："这都怪王莽自己了，因为他没有把刘氏宗室人员斩尽杀绝。"残忍的高洋相信了此话，马上又开了杀戒，把东魏元氏宗室近亲 44 家共 700 多人全部处死，连婴儿也无一幸免。

消息传开后，东魏的宗室远房宗族也非常恐慌，生怕屠刀落到他们头上，便聚集一起商量对策。有个叫元景安的县令说，眼下保命的唯一办法是请求高洋准许他们脱离元氏，改姓高氏。元景安的堂兄弟元景皓说："怎么能抛弃本姓，随人家的姓呢？大丈夫宁可像玉一样被打碎，为保持节气而牺牲，也不做块泥瓦而保全，丧失名节，苟且偷生。"元景安把堂弟元景皓的话报告给了高洋，高洋下命逮捕元景皓，把他杀了，其家属被迁徙到彭城（今属江苏）。于是，齐文宣帝高洋准许元景安改姓高，其他人乃袭本姓。三个月后，高洋病死，十八年后，北齐灭亡。"宁为玉碎，不为瓦全"，这句老话儿就是从这个故事来的。它的意思，宁做玉器被打碎，不做陶器得保全。

人们用它比喻宁愿为正义守大节而死，不愿苟且偷生。后来，这"玉碎"被比喻为保持气节而牺牲；"瓦全"被喻为苟且偷生，丧失名节。

破镜重圆

指重新团聚。唐代孟棨的《本事诗·情感》载：南朝陈太子舍人徐德言与妻乐昌公主恐国破后两人不能相保，因破一铜镜，各执其半，约于他年正月望日卖破镜于都市，冀得相见。后陈亡，公主没入越国公杨素家。德言依期至京，见有苍头卖半镜，出其半相合。德言题诗云："镜与人俱去，镜归人不归；无复嫦娥影，空留明月辉。"公主得诗，悲泣不食。素知之，即召德言，以公主还之，偕归江南终老。后因以"破镜重圆"喻夫妻离散或决裂后重又团聚或和好。

拍马屁

人们把阿谀奉承称为"拍马屁"。"拍马屁"一词最初来自蒙古族。古代蒙古族凡是牵马与别人相遇，就要互相拍拍对方的马屁股，连声称道："好马，好马。"以示赞赏和友好。但在那时，也确有些趋炎附势之徒，只要遇到王公贵族牵的马，便不分好差优劣，总要跑上去拍拍马屁股，不断赞叹："好马，好马，大人真有福气！"久而久之，"拍马屁"就变为谄媚巴结之意的贬义词，流传至今。

平时不烧香，急来抱佛脚

这句老话儿，原比喻平时不往来，遇有急难才去恳求。后来多指平时没有准备，临时慌忙应付。

这句话在北宋刘敞的《中山诗话》中已有记载：王丞相（安石）喜欢谐谑，一天，与和尚道因在一起聊天，王说："投老欲依僧。"和尚连忙对道：

"急则抱佛脚。"王说:"'投老欲依僧'是古诗,'急来抱佛脚'是谚语。"意思是说古诗与谚语放在一起,不算确切的对句。和尚说:"这两句上句去掉'投'字,下句去掉'脚'字,岂不就成了很工整的对句了吗?"王安石大笑。

这句话,古人小说中就有出现,如《水浒传》第十六回:"正是急来抱佛脚,平时不烧香。"

关于此话的起源,张世南的《宦游纪闻》中说,古代,在云南之南,有一个国家人们都信奉佛教。有人犯了罪,应该被砍头,受到紧急追捕时,如果赶快跑到寺庙里,在佛像前抱住佛脚表示悔过,便可以免罪。"闲时不烧香,急来抱佛脚"就是从那个国家僧人的话流传到中国来的。

破题

旧时试帖诗及八股文经常用一两句话说破题目的要旨。比喻文章的开头,也指第一次做某件事。出处为元代王实甫《西厢记》第四本第三折:"马儿迍迍的行,车儿快快地随,却告了相思回避,破题儿又早别离。"

唐朝翰林学士李程初应博学宏辞科,试题为《日五色赋》,李程试卷的首句云:"德动天鉴,祥开日华。"时人称之为破题。又,宋诗人梅尧臣,应范仲淹邀宴。席间赋《河豚鱼》诗一首,诗云:"春洲生荻芽,春岸飞杨花。河豚当是时,贵不数鱼虾。"欧阳修评此诗道:"河豚常出春暮,群游水上,食絮而肥,南人多与荻芽为羹,云最美。故知诗者谓只破题两句,已道尽河豚好处。"后因称诗文起首数句点破题意曰"破题",明清八股文更以破题为作文固定程式。破题又常被引申为第一次之意。如《西厢记》:"却告了相思回避,破题儿又遭别离。"

破天荒

指从来没有出现过的事,旧时文人常用来表示突然得志扬名。出自宋代

孙光宪《北梦琐言》卷四："唐荆州衣冠薮泽，每岁解宋举人，多不成名，号曰'天荒解'。刘蜕舍人以荆解及第，号为'破天荒'。"

唐代荆州文风不振，每年解送举人应考，均未中试，时人称为"天荒"。后刘蜕以荆州解送的举人登第，打破了该州多年无人中举的局面，时人称为"破天荒"。荆州刺史崔铉特奖励刘蜕七十万贯破天荒钱。刘蜕答谢说："五十年来，自是人废；一千里外，岂曰天荒。"又自宋朝以来，江西地方无人以状元及第，后有何昌以对策居第一，有人以诗寄何昌言云："万里一时开骥足，百年今始破天荒。"后用以指前所未有或首次出现。如清代黄遵宪《番客篇》诗："平生不著袜，今段破天荒。"

曲高和寡

曲调高深，能跟着唱的人很少。旧指知音难得。现比喻言论或作品不通俗，能了解的人很少。

战国末，宋玉为楚襄王文学侍臣，为人毁谤。楚襄王问道："先生难道有行为不检点之处吗？何以旁人颇多议论呢？"宋玉答道："有人在国都唱歌，开始唱俗曲《下里》《巴人》，都城中应和者数千人；再唱高深一点的《阳阿》《薤露》，都城中应和者数百人；到唱更高深的《阳春》《白雪》时，都城中应和者不过数十人；乃至唱最高深最美妙的歌曲时，都城中应和者仅数人而已。所以曲越高和者越少。"后世因以"曲高和寡"比喻言行、作品高超，知音难得或难以企及。如三国时期魏阮瑀的《筝赋》："曲高和寡，妙伎难工。"而"阳春白雪"也成了高雅作品的代称。

倾国倾城

倾：倾覆；城：国。原指因女色而亡国。后多形容女子容貌极美。原指因女色而亡国，该女子只要对守卫城垣的士卒瞧上一眼，便可令士卒弃械、墙垣失守；倘若再对驾临天下的人君"秋波那么一转"，亡国灭宗的灾祸，可就要降临其身了。现形容女子容貌十分漂亮，艳丽。

汉朝中山李氏兄妹三人到京城长安发展，李延年进入皇宫乐府，他向汉武帝推荐他妹妹是绝世佳人，一见倾城，再顾倾国。汉武帝十分高兴就召见李延年的妹妹并封她为夫人，生下第五子刘髆（昌邑王），汉武帝十分宠爱这个绝色夫人。《大雅》和《小雅》篇分别有"哲夫成城，哲妇倾城"。

骑虎难下

这句老话儿，比喻事情中途遇到困难，为形势所迫，又难以中止。

此话是由"骑猛兽安可下哉"一语演变而来的。是晋国大臣温峤劝说主帅调侃时说的："我们目前的处境，正如骑在猛兽的身上，不把猛兽打死，怎么能够下得来呢？咱们只有一鼓作气，坚持到底呀！"表示事情发展到一定程度想要停下来已经不可能，因而骑虎难下也含有进退两难的意思。

钱可通神

唐朝宰相张延赏有一次过问一场冤狱，要有关狱吏十天内查明判决。第二天一早，他见案头放着一份小帖子，上写："钱三万贯，乞不问此狱。"他大怒，把案子催得更紧。第三天，又见有小帖子，写明"钱五万贯"。他更加光火了，要求两天内结案。第四天，又见小帖子，写明"钱十万贯"。这一下，他气馁了，说道："钱到十万，已可通神，我还管得了吗！"见唐张固《幽娴鼓吹》。后以"钱可通神"极言钱的诱惑力之大。

青梅竹马

青梅：青的梅子；竹马：儿童以竹竿当马骑。形容小儿女天真无邪玩耍游戏的样子。语出唐李白《长干行》之一："郎骑竹马来，绕床弄青梅。同居长干里，两小无嫌猜。"后以"青梅竹马"形容男女儿童之间两小无猜的情状。

欧阳予倩《孔雀东南飞》第四场："我与你自幼本相爱，青梅竹马两无猜。"

唐代大诗人李白有一首五言古诗《长干行》描写一位女子，思夫心切，愿从住地长干跋涉数百里远路，到长风沙迎接丈夫。诗的开头回忆他们从小在一起亲昵地嬉戏："郎骑竹马来，绕床弄青梅，同居长干里，两小无嫌猜。"后来，用"青梅竹马"和"两小无猜"来表明天真、纯洁的感情长远深厚，也可以把"青梅竹马、两小无猜"放在一起使用，意思不变。后人就以青梅竹马称呼小时候玩在一起的男女，尤其指之后长大恋爱或结婚的。至于从小一起长大的同性朋友则称为"总角之交"。

乔迁

《诗经·小雅》里有一首《伐木》诗，开头四句是："伐木丁丁，鸟鸣嘤嘤，出自幽谷，迁于乔木。"意思是：砍伐树木，丁丁丁，鸟儿鸣叫，嘤嘤嘤。它们飞出深谷，迁上高高的树林。按：唐代以后，都把诗中的鸟认作黄莺，后以"乔迁""莺迁"为迁居或升官的贺词。

请缨

汉武帝派终军去劝说南越（亦作"粤"）王来朝，终军请求给他一根长缨，表示一定要把南越王缚回来。后来，他果然不出所料说服南越王归汉。见《汉书·终军传》。后以"请缨"为投军报国或要求给予重任的典故。

敲竹杠

清朝道光年间，以林则徐为首的禁烟派掀起了禁烟运动，在海关各个港口都派重兵把守，严禁鸦片运入。

一天，一个码头上停下一条船，有一个扛着毛竹的人上了船，只几根毛竹就把他的腰压弯了，他上了船就坐在毛竹上，一动不动。这时，船上上来个乡下老汉，也一屁股坐在毛竹上，抽着旱烟。

开船之前，有几个查烟人员上了船，他们各处盘查，看看是否有人私运鸦片。正好这时乡下老汉吸完了一袋旱烟，把旱烟锅在毛竹上敲了几下，扛毛竹的人脸一下就吓白了，他慌忙从怀中掏出一把钱，塞给老汉，那乡下老汉觉得很奇怪，怎么白白就会有人给钱?! 原来，那人扛的毛竹里装的都是鸦片，他见老汉敲他的毛竹，以为老汉看出来了，为了堵住老汉的嘴，他赶紧塞钱。其实老汉一点也不知道，是他自己心虚，白白损失了一笔钱。

现在，人们把某些无理向别人索取钱财的行为，称为"敲竹杠"。

骑着毛驴找毛驴

"骑着毛驴找毛驴"简称"骑驴觅驴"。意思是指自己骑着毛驴来四处寻找自己正在骑着的驴。比喻东西本在自己手中，却偏去别处寻求。也比喻禅礼存在于自身却反而向外求索。

此语出自《景德传灯录》："不解即心即佛，真是骑驴觅驴。"

从前有个笑话，说的就是骑驴觅驴：有个人叫王三，赶着五头驴到集市上去，自己骑了一头。走到半路，他想数一数驴子，看看够不够数。于是他就"一、二、三、四"地数起来，数来数去，总是四头。他心里疑惑：明明是赶了五头毛驴，怎么剩了四头？他以为自己粗心大意，丢了一头毛驴。

王三把驴赶到集上，从驴背上跳下来，又重新数了一遍，不多不少，正好是五头毛驴。他这才恍然大悟："原来我把自己骑的那头驴忘记了！"

润笔

古代人们用毛笔写字，但使用毛笔之前，通常会先用水泡一泡，把笔毛泡开、泡软，这样毛笔较容易吸收墨汁，写字时会感觉比较圆润。因此，毛笔泡水这个动作就叫"润笔"。后来"润笔"被泛指为请人家写文章、写字、

作画的报酬。

隋郑译与隋文帝杨坚有同学之谊，且有定策之功，封沛国公，位上柱国。但郑译贪财收贿，官声极坏，为宪司所劾除名。但文帝念旧，仍授为隆州刺史。因病请回京，文帝在醴泉宫召见郑译，面谕复沛国公、上柱国爵位，并令内史令李德林立作诏书。侍臣高颎戏谓译曰："笔干。"译答曰："出为方岳，杖策言归，不得一钱，何以润笔。"隋文帝听后大笑。润笔或以金钱，或礼品。如宋代欧阳修《归田录》卷一说："王元之（禹偁）任翰林，尝草夏州李继迁制，继迁送润笔物数倍于常。"《归田录》卷又说："蔡君谟（襄）既为余书《集古录目序》刻石，其字尤精劲，为世所珍。余以鼠须栗尾笔、铜绿笔格、大小龙茶、惠山泉等物为润笔。"明清以后，大抵以金钱为润笔，卖文鬻书，均有润格，按价付酬。（典见《隋书·郑译传》）

人非圣贤，孰能无过

这句老话儿的意思是：一般人不是圣人和贤人，谁能永远没有过失？这里的"非"：不是；孰：谁。

语出《左传·宣公二年》："人孰无过，过而能改，善莫大焉。"是指晋灵公生性残暴，时常借故杀人。一次，厨师送上的熊掌炖得不透，就被晋灵公当场处死。正直的大臣士季等知道后，非常气愤，决定进宫劝谏。士季先去朝见，晋灵公知道是为杀厨而来，假装没看见。士季往前走了三次，晋灵公才瞟了他一眼，轻描淡写地说："我已经知道自己所犯的错误了，今后一定改正。"士季听他这样说，就用温和的态度道："谁没有过错呢？有了过错能改正那就最好了。如果您能接受大臣正确的劝谏，就是一个好的国君。"虽然后来晋灵公并没改正，终被名叫赵穿的人杀死。但士季的直谏和"人非圣贤，孰能无过"的名言却流传了下来。

染指

指分取不应该得到的利益，也指插手某件事情。

春秋时，郑国大臣子公每逢食指动起来，就会吃到好东西。郑灵公知道这件事，有一次赐大家吃鼋肉，故意不给子公吃。在这以前，子公的食指早已动了起来。他见灵公不让他吃鼋，一气之下，用指头往锅里一染，伸到嘴巴里去，说道："这不是也吃到了吗？"见《左传·宣公四年》。后以"染指"为吃到某种东西、沾到某种利益或参与某种事情的典故。

孺子牛

孺子，小孩子。春秋时期的齐景公喜爱小儿子荼，曾经自己两手着地当作牛，口里衔着绳索，让荼骑在背上玩耍。荼玩得高兴，一不小心，从"牛背"上滚下来，绳子把齐景公的牙齿拉断了。见《左传·哀公六年》。后以"孺子牛"比喻为大众谋利益而不惜献身的人。

塞翁失马，焉知非福

这句老话儿，是比喻虽然遭到暂时的损失，但是也可能因此而得到好处。也指世事多变，坏事可以变成好事。这里的"塞翁"，指边疆处的老头儿。

此语来源于《淮南子·人间训》：近塞上之人有善术者，马无故亡而入胡。人皆吊之。其父曰："此何遽不为福乎？"就是说，西北塞上住一老头儿，他儿子的一匹马逃到了塞外，无法寻找，儿子很懊丧。人们知道后都来安慰他。可老头儿毫不在乎地对大家说："逃失了一匹马，怎么知道不是一件好事呢？"几个月后，逃失的马忽然回来了，还带来了一匹高大的骏马。人们纷纷来庆贺，老头儿又说了："逃失的马回来，还带回一匹骏马，怎么知道这不是一件坏事呢？"果真被老头儿说准了，其儿子因喜欢那匹骏马，天天

骑它，不料一次跌折了脚骨，成了残疾。

附近人去慰问，老头儿又说了："跌折了脚骨，又怎么知道这不会成为一件好事呢？"果然，一年后，塞外匈奴兴兵入侵，塞上青壮年都去应征入伍，多数战死沙场。而塞翁的儿子因为脚跛，未被应征入伍，从而和老翁都保全了性命。

寿比南山

在给老年人祝寿时经常会听到"福如东海，寿比南山"这一句话，其中的"寿比南山"有什么含义？南山指的是山东的云门山，因在城南，所以称作南山。这山上刻着一个大红的"寿"字，字首直指云端，字脚踏在壁底。真是山像一个"寿"字，"寿"字是一座山。

树倒猢狲散

这句老话儿，比喻有权势的人一垮台，依附他的人随即纷纷散去。"猢狲"，即猴子。

语出明人陶宗仪写的一则故事：南宋时，一个叫曹咏的人，因和奸相秦桧有姻亲关系而当上了侍郎官。当他权势炙手可热之际，乡里的人都赶着巴结他。可是他的大舅子厉德新虽然只是一个小小的里正（相当于乡长），却不买他的账。曹咏对其怀恨在心，处处刁难。后来，奸相秦桧死了，依附他而得势的人也纷纷倒台，曹咏也被贬到新州。厉德新针对此事给曹咏写了一封信，曹打开一看是篇"树倒猢狲散赋"讥笑他依附秦桧飞黄腾达，如今秦桧死了，他也跟着垮台了，这就像树倒了，树上的猴子散了一样。此赋把曹咏气了个半死。

于是，"树倒猢狲散"这句话不仅屡见书载，而且常在民间使用。

绳锯木断，水滴石穿

这句老话儿，出自宋代的《一钱斩吏》故事。

故事说，从前，有一个叫张乖崖的人，为崇阳县令。他决心纠正社会不良风气，解决钱库经常失窃问题，好好杀一杀这股歪风。

有一次，一个小吏从府库中出来时，在头巾里藏了一枚铜钱。这张县令发现后就加以盘问，那个小吏承认是从府库里偷来的。县令下令杖打，那个小吏不服，勃然大怒说："一枚钱有什么了不起，却要杖打我？由你杖打好了，反正你不敢杀我！"这张乖崖拿起笔来，宣判说："一日一钱，千日一千。绳锯木断，水滴石穿。"亲自拿起宝剑，走下堂来，杀死了那个小吏。从此，崇阳社会风气好转。崇阳人至今传说着这个故事。这个故事告诉我们："绳可锯断木头，滴水可以穿石。人们用它来比喻，只要有恒心，坚持不断，力量虽然细微，但积蓄长久之力，可以成就大事。"

故事还告诉我们：绳锯木断，水滴石穿，是自然现象，引申到我们做人，则应坚持："不以恶小而为之，不以善小而不为。"

杀鸡焉用牛刀

这句老话儿，意思是说宰鸡哪用得上宰牛的刀呢？比喻小题不必大做。也用来比喻某些官僚（或上层领导）不珍惜、不尊重人才，大材小用或学非所用，胡乱使用人才，造成人才的莫大浪费。

语出《论语·阳货》："子之武城，闻弦歌之声。"夫子莞尔笑曰："割鸡焉用牛刀。"故事说，孔子的弟子言偃，也就是子游，到山东的一个小城武城去做官，也向百姓倡导礼乐，要求他们经常弹琴唱歌。

一次孔子带着弟子经过武城，听到了歌声，便微笑着说："杀鸡哪用得上宰牛刀？"意思就是武城是个小地方，而礼乐属于大道。治理这样的小地方用礼乐大道，就好比杀鸡用牛刀。言偃对孔子的这一说法不以为然，提出疑

四 老 话 儿 的 来 历

问说:"从前老师教我们,统治百姓的人学了礼乐的大道,就知道爱护百姓;百姓学了礼乐大道,就会变得容易驱使。难道老师的这一教导在武城不适用吗?"

言偃这一问,孔子醒悟过来了,忙对弟子们说:言偃说的是对的,我刚才说的"杀鸡焉用牛刀",不过是跟他开个玩笑罢了!

上梁不正下梁歪

这句话的意思是上行下效,长辈或上级作风不好,会影响子女或下属。语出《孟子全鉴》。孟子认为,君王仁,他周围没有不仁的;君王义,他周围没有不义的;君王正,他周围没有不正的。所以一旦君王端正了,其国家也就安定了。至于君王周围的那些小人,当然不值得去谴责,其政治也不值得去批评,因为问题的总根子在君王那里。此乃"上梁不正下梁歪"之意。比喻在上的人行为不正,下面的人也跟着做坏事。一个国家是这样,一个地区、一个单位、一个家族也同样。于是又有了"问题在下面,根子在上面""大的不正,小的不敬"等类似的老话。这句老话儿的固定说法,是有一个过程的。杨泉《物理论》有"上不正,下参差"之语;《通俗篇》则为"前船已覆后船警,上梁不正下梁欹",欹,音 qī,指用狡诈的手段骗人;《梦笔生花》上是"上梁不正下梁歪"。

水能载舟,水能覆舟

这句老话儿,意思是:水能载船,也能翻船。水比喻为人民,舟比喻为君主,人民可以拥戴君主,也可以推翻君主。

语出《荀子·王制》。文中说,拉车的马惊了,坐在车内的君子就不安稳;老百姓对政事提心吊胆,君子在官位上就不安稳。选择贤良的人,提拔忠诚而又严正的人,提倡孝悌,收养孤寡,补助贫穷的人,诚能如此,老百姓就会安于政事。老百姓安于政事,君子就能安于官位。古书上说:"君子

老话儿

如船，百姓如水，水既能使船安稳地航行，也能使船沉没。"说的就是这个道理。

杀人偿命，欠债还钱

老话儿说："杀人偿命，欠债还钱，天经地义，古今亦然。"就是说，"杀人偿命，欠债还钱"这一法制内容已为广大群众所熟知。这里，我们重点谈谈"欠债还钱"的道理。

有一个故事，讲的就是"欠债还钱"。他说："欠人三、五块，下辈子变母鸡；欠人几十块，下辈子变马；欠人钱无数，下辈子当父母。"对此，稍加整理，五言如下：

老话说的好，欠债要还钱，

生前还不了，下辈接着还，

该人三五块，变鸡去下蛋，

该人几十块，变马骑打还，

该人钱无数，你说怎么办，

让你当父母，儿女债难完。

在这里除了讲当父母是为子女还债而来之外，还有一个"生前"一词值得谈谈。本来，"生前"一词从字面来讲，是指出生以前，应该是在娘肚子里时。可大家都心知肚明，"生前"说的就是"死前"，就是不说那个"死"字，这就是中国民俗中的忌讳习俗了。因为忌讳"死"，就改为了"生"，用"死后"对"生前"，慢慢地都懂了，这就是中国特色、特色民俗所致。这样一来，也就没什么奇怪了。

识时务者为俊杰

这句老话儿的意思，是表示能认清当前形势和时代潮流的人才是英雄豪杰，才算得上杰出的人物。

语出《三国志·蜀书·诸葛亮传》，是说刘备一直在物色有见识的人才，他去拜访很有名声的司马征。司马征说："平庸的书生文士怎么会认清天下的大势呢？能认清天下大势的人才是杰出的人物。这里的卧龙和凤雏，才是这样的杰出人物。""卧龙"，即诸葛亮。

士为知己者死

这句老话儿，意思是好男儿可以替知己的朋友去死，以此形容人品刚正无私。也可以用它形容为人有侠肝义胆，勇于为朋友赴汤蹈火，牺牲自己也在所不惜。

语出《说苑·复恩》。故事说，春秋战国时期，齐国大夫鲍叔牙与管仲是好朋友，二人之间建立了深厚的友谊。鲍叔牙死了，管仲扎上衣襟，失声痛哭，泪如雨下。侍从说："他不是您的父亲，也不是您的儿子，这般哀痛大概有什么原因吧？"管仲说："这不是你们所能理解的。我曾经与鲍叔牙到南阳（山东邹县，齐国城邑）担货贩卖，我在市场上多次受到羞辱，鲍叔牙并不认为我怯懦，知道我将有扬名于世的时候。鲍叔牙曾与我一起游说君主，但多次不被采纳，鲍叔牙不认为我无能，知道我没有遇上英明的君主。鲍叔牙曾与我分取钱财，我自己经常拿多的一份，鲍叔牙不认为我贪心，知道我在钱财上匮乏。生养我的是父母，理解我的是鲍叔牙。士为知己者死，何况为他尽哀呢？"

司空见惯

司空：古代官名。主管建设，相当于后世的工部尚书，后来转变为监察官，相当于现在检察院的总检察长。司空见惯，指某事常见，不足为奇。

这个成语来自刘禹锡的一首诗：司空见惯浑闲事，断尽江南刺史肠。司空指当时的客人，职位为司空，相当于清代的尚书。唐代诗人刘禹锡某年从和州（今安徽省和县）罢官回京，司空李绅因仰慕其名，邀至府第，盛宴款待。席间，李绅命歌妓劝酒，刘禹锡即席赋七绝一首，诗曰："高髻云鬟宫样妆，春风一曲杜韦娘。司空见惯浑闲事，断尽江南刺史肠。"李绅听罢，就把歌妓赠给了他。此事范摅的《云溪友议》卷七、计有功的《唐诗纪事》卷三七均作扬州大司马杜鸿渐与刘禹锡事，不能详考。后人因以"司空见惯"比喻对事物的习以为常。苏轼《满庭芳·佳人》词："人间何处，有司空见惯，应谓寻常。"

同床异梦

谓同时睡在一张床上的两个人，却各人做自己的梦，比喻貌合神离，虽然同做一件事情，或交往密切，而各人有各人的打算。如姚雪垠的《李自成》第一卷："但彼等乌合之众，同床异梦，一战即溃。"一般认为这句俗语出于南宋陈亮的《与朱元晦秘书书·乙巳春书一》："同床各做梦，周公且不能学得，何必一一论到孔子哉？"其实，可以溯源至北宋禅宗的《景德传灯录》卷三十："山僧虽与他同床打睡，要且各自做梦。"谓各自的境界不同。

太公钓鱼，愿者上钩

这句老话儿，是说姜太公用直钩不挂鱼饵钓鱼，愿意上钩的鱼，就自己上钩。比喻心甘情愿地上圈套。

语出自《武王伐纣平话》。故事说，商朝最末一个君主叫商纣王，是个残忍无道、骄奢淫逸的人，他手下的大臣姜子牙弃官而逃，隐居于渭水河滨。这时，他虽已过七十，但总想找个施展才能的机会。听说西方诸侯周文王求贤若渴，姜子牙便在一个叫兹泉的小河源头凡谷钓鱼，待机会和周文王见面。

一般人钓鱼，用弯钩，挂鱼饵，投水中，诱鱼上钩。可姜子牙的做法相反，他的鱼钩是直的，不挂鱼饵，并且离水面三尺高。他还自言自语："找死的鱼儿自己上钩来吧！"

一天，一个打柴人来到溪边，见后说道："像你这样钓鱼，一百年也钓不到一条鱼！"姜太公说："我不是为了钓到鱼，而是为了钓到王与侯！"

姜太公的奇特钓鱼法，终于传到了周文王那里。派一士兵去叫他来。姜太公自言自语道："钓啊，钓啊，鱼儿不上钩，虾儿来胡闹！"周文王听到汇报后，改派一官员前去请太公，太公依然不理，说道："钓啊，钓啊，大鱼不上钩，小鱼别胡闹！"周文王这才意识到钓者必是贤才，亲自带厚礼前去聘请。姜太公见他诚心诚意，便答应了为他出力。

后来，姜太公辅佐周文王兴邦立国，还帮他儿子周武王灭掉了商朝，实现了自己建功立业的愿望。"太公钓鱼，愿者上钩"就是从这个故事来的。

太太

周太王古公亶父有贤妃曰"太姜"，即季历等三兄弟之母。太姜有美色，而且性情贞静柔顺，并且极有智慧。教导诸子，至于成人，从来没有过失。古公谋事，必与太姜互相商量。随便古公要迁徙到什么地方，她都不辞劳怨，顺从追随。由于太姜品德贤正，教子相夫有功，因此《史记·周本纪》称她为"贤妇人"。

季历即位，又娶有贤妃曰"太任"。史载，称其端庄诚一，德行无缺失。及有身孕，即自开始胎教，所谓"目不视恶色，耳不听淫声，口不出傲言"，因此而生文王。

文王又有贤妃，曰"太姒"。《史记·周本纪》说："武王同母兄弟十人，母曰太姒，文王正妃也。"《列女传》称其："生十男，亲自教诲。自少及长，未尝见邪僻之事。文王继而教之，卒成武王、周公之德。"

因此，后世尊称别人的妻子叫"太太"，便是从周室有三位"太"字辈贤妻良母，母仪威风的典故而来，并非是随随便便的口头语。

忘年之交

指年岁不相当而结交为友。出处《后汉书·祢衡传》："衡始弱冠，而融年四十，遂与为交友。"《南史·何逊传》："弱冠州举秀才，南乡范云见其对策，大相称赏，因结忘年交。"明代罗贯中的《三国演义》第一百十一回：陈泰叹服曰："公料敌如神，蜀兵何足虑哉！于是陈泰与邓艾结为忘年之交。"

无巧不成书

施耐庵写《水浒传》，写到武松打虎一节，无论如何也写不满意。因为他从未见过打虎，不知道怎样描绘武松打虎的场面。

正当苦思冥想之际，忽听门外一阵吵闹。他放下手中的笔，信步来到门口。

门口有不少人正在看热闹，施耐庵拨开众人，上前一看，原来是邻居阿巧，因为喝醉了酒，不知怎么与一条大黄狗发生了冲突，人狗战在一处，人狂狗勇难分胜负。施耐庵正要上前喝住阿巧，转念一想，武松打虎不也是醉酒之后吗？看看这个醉汉如何对付这条大狗，也许能有点启发。想到这里，便在边上注意着阿巧和狗的动作。

只见阿巧，袒胸露怀，挥拳朝狗头打去，黄狗轻轻一闪，回头又向阿巧扑来。阿巧怒不可遏，一把抓住狗脖子，飞身跨在狗的身上，举起拳头在狗头上来了三拳，大黄狗终于被阿巧制伏了。

回到家里，施耐庵就把阿巧打狗的场面，写成了"武松打虎"。

写完之后，满意地叹道："要是没有阿巧，我就写不成这本书喽。"此后，"无巧不成书"这句话便传开了。意思变成了"如果没有巧合，就不能叫作书"。

为他人作嫁衣裳

这句老话儿，原指为别人制作出嫁时的衣裳。后来，人们用它比喻为他人的事情辛苦忙碌，而自己却无暇自顾，无利可图。

语出唐代诗人秦韬玉的《贫女》诗，描写一个没有出嫁的穷苦人家的姑娘，因为不迎合世俗而难觅佳偶，她为此感到忧伤、怅惘。诗曰：

> 蓬门未识绮罗香，
>
> 拟托良媒益自伤。
>
> 谁爱风流高格调，
>
> 共怜时世俭梳妆。
>
> 敢将十指夸针巧，
>
> 不把双眉斗画长。
>
> 苦恨年年压金线，
>
> 为他人作嫁衣裳。

为他人作嫁衣裳，也作"为人作嫁"，就是从这《贫女》诗来的。

玩物丧志

这句老话儿，表示人如果沉湎于所爱的事物，就会丧失进取向上的志向。

语出《尚书·旅獒》：玩人丧德，玩物丧志。故事说周武王灭商建周，四方臣服。有远方部族带来许多贡物。其中有称"獒"的犬，非常有灵性。武王很是喜欢，乐滋滋地与它逗玩起来。太保如公奭见状，觉得作为君王，对此要有节制，于是作了一篇《旅獒》的文章呈给武王。文中写道："沉湎于侮辱和捉弄别人会丧失自己的高尚德行；沉湎于所喜爱的事物，会丧失自己进取的志向。创业不易，不能让它毁于一旦啊！"武王看了以后，想到商纣王的荒淫无道，导致灭亡的教训，觉得如公奭的文章有道理，于是下令将贡物赐给了各功臣和诸侯。

亡羊补牢，犹未为晚

这句老话儿，意思是羊丢失后，才修补羊圈。比喻出了差错，设法补救，免得再受损失；也含犹未为晚之意。这里的"亡"，指丢失；"牢"，指关牲口的圈。

此语出自《战国策·楚策四》："臣闻鄙语曰：'见兔而顾犬，未为晚也；亡羊而补牢，未为迟也。'"这是辛庄给楚襄王讲的一个故事：

从前，有人养了一圈羊。一天早上，发现少了一只，细查，羊圈破了一个窟窿，夜间狼钻进来，把羊叼走一只。邻居劝那人，赶快补上窟窿。那人却说："羊都已经丢了，还修羊圈干什么？"第二天早上，他发现又少了一只羊。原来，狼又从那窟窿中钻进叼走一只羊。他后悔没听别人劝告，便赶快修好了羊圈，狼再也进不了羊圈，叼不走羊了。

辛庄讲给楚襄王此故事后说：俗话不是说么："看到兔子才想到放犬，不算晚；丢了羊才去修补羊圈，不算迟。"

物以类取，人以群分

这句老话儿，原作"方以类聚，物以群分。"指人或事物属于同类的聚集在一起，不同类的则各自区分开来。后来人们常说的"物以类聚，人以群分"表示同类的东西总聚集在一起，还比喻坏人互相勾结。

这句话源于《战国策·齐策三》：淳于髡（kūn）曰："不然，夫鸟同翼者而聚居，兽同足者而俱行。……夫物各有畴，今髡贤者之畴也。"就是说，战国时，齐国有个很聪明的人，叫淳于髡。齐宣王让淳于髡推举人才。淳于髡在一天之内就推举了七位贤能之士。宣王惊讶，说："我听说人才是很难得

四老话儿的来历

289

的，方圆千里之内能选出一位贤士，那就好像贤士多得肩并肩站着一样了；百年之中出现一位圣人，那就好像圣人多得一个跟着一个来了。现在，你一天之内就推荐了七位贤士，不是太多了吗？"淳于髡回答说："不能这么说，要知道，同类的鸟总是在一起聚居，同类的野兽总是在一起行走。到水洼地里去寻找柴胡、桔梗这类药材，永远也找不到一点；而到山的背面去找，就可以成车地装载回来。这是因为，同类事物相聚在一起。我淳于髡也可以算是贤士吧，您到我这儿来寻找贤士，就好比到河里去汲水、用火石去打火那样容易。我还可以给您再推荐一些贤士呢，何止这七个！"

悬梁刺股

悬梁其解为：用绳索等吊具绑其头部（头发），使其固定在一个空间位置（悬空），不会因困倦自由活动，其中"梁"指房梁，"股"在古代为大腿的意思。"头悬梁"和"锥刺股"由两个故事组成。

晋时，有一个叫孙敬的年轻人，孜孜不倦勤奋好学，闭门从早读到晚也很少休息，有时候到了三更半夜的时候很容易打盹瞌睡，为了不因此而影响学习，孙敬想出一个办法，他找来一根绳子，一头绑在自己的头发上，另一头绑在房子的房梁上，这样读书疲劳打瞌睡的时候只要头一低，绳子牵住头发扯痛头皮，他就会因疼痛而清醒起来再继续读书，后来他终于成为了赫赫有名的政治家。

战国时期的苏秦是一个有名的政治家，但是他在年轻的时候学问并不好，到了好多地方都没有人关注，即使有雄心壮志也得不到重用，于是他下定决心发愤图强努力读书。由于他经常读书读到深夜，疲倦到想要打盹的时候就用事先准备好的锥子往大腿上刺一下，这样突然的痛感使他猛然清醒起来，振作精神继续读书。

这两个故事引申出"悬梁刺股"这个成语。虽然告诉我们发愤忘食地刻苦学习是值得提倡的，但是我们也要认识到为了学习也不能一直努力到累垮

老话儿

自己的身体，读书也是需要适可而止的。

邪魔外道

语本《药师经》："又信世间邪魔外道，妖孽之师，妄说祸福。"佛教关于"魔"有许多说法，如烦恼魔、阴魔、死魔和天魔等。"魔"能扰乱身心，障碍善念与修行，与"正觉"相反，故称"邪魔"（参见"魔"）。佛教称佛法以外的宗教、哲学派别为"外道"。传说古印度有九十六外道，其中著名的为六师外道。后因以"邪魔外道"指妖魔鬼怪。如元代无名氏《神奴儿》第四折："你将金钱银纸快安排，邪魔外道当拦住，只把那屈死的冤魂放过来。"也指异端邪说。如《儒林外史》第十一回："若是八股文章欠讲究，任你做出什么来，都是野狐禅，邪魔外道。"意指歪门邪道。《歧路灯》第七五回："如今世上许多做假银的，俱是邪魔外道。"

性情中人

性情中人，是指感情丰富，率性而为的人。常常用来形容一个人随其本性、情感外露、率性而为。

常常听到一种评价，说某某人是"性情中人"。这评价中是略有几分暗暗的羡慕；或者，还有些感慨、赞许之类的。

性情中人，把字拆开来看。性：性情，脾性。《国语·周语上》："先王之于民也，懋正其德，而厚其性。"韦昭注："性，情性也。"情：本性。《淮南子·本经》："天爱其精，地爱其平，人爱其情。"高诱注："情，性也。"中：内、里面。《说文·部》："中，内也。"性情中人，按照这种解释，大概是指那些突显真实本性的一类人。性情中人，无褒贬之意，算是个中性词。性情中人，在唐人的笔记中描绘过隐居的高士，在《水浒传》中评定过那些血性的英雄好汉，在明清的话本小说中刻画过那些才子佳人。在时下，"性情中人"这四个字，又成为一种耀眼的视角了。

胸有成竹

比喻熟练有把握。"胸有成竹"和"心中有数"都是"心中已有打算"的意思。但"胸有成竹"偏重于事前对问题已有全面的考虑和解决办法，或者因心中有了主意而办事神态镇定、沉着；"心中有数"偏重于对客观情况已有所了解，十分有把握。

北宋大作家苏轼不仅诗词文赋予书法各臻绝境，其绘画亦卓尔成家。苏轼之作画，师法于其表兄湖州画派开山人文同。文同字与可，以绘墨竹名世。苏轼既师法文同，故深悉其画竹之真谛，曾评绘竹之法，"今画者乃节节而为之，叶叶而累之，岂复有竹乎！故画竹必先得成竹于胸中，执笔熟视，乃见其所欲画者，急起从之，振笔直遂，以追其所见，如兔起鹘落，稍纵则逝矣。"后遂以"胸有成竹"喻下笔或做事之前心中先须有完整概念，成为常用口头语。清代沈德潜《说诗照会语》云："写竹者必有成竹在胸，谓意在笔先，然后着墨也。"即论此事。

夜不闭户，路不拾遗

这句老话儿，意思是夜黑不用关窗，没人进屋去偷东西；道路上遗失的东西没人捡拾。是形容人民生活富裕，社会风气良好。

语出自《战国策·秦策一》："商君治秦，法令至行……期年之后，道不拾遗，民不妄取，兵革大强，诸侯畏惧。"就是说，由于商鞅积极地推行变法，老百姓的生产积极性提高了，军队纪律严明，兵士都乐意打仗，民风也变得淳朴起来，社会秩序安定，夜不闭户，路不拾遗，秦国一天天强大了起来。

鹬蚌相争，渔翁得利

这句老话儿，意思是说鹬鸟与河蚌相急斗，结果是两败俱伤，让第三者

老话儿

渔翁得到了利益。

语出自《战国策》，是则寓言故事：一天，河蚌趁着天晴，张开两片硬壳，在河滩上晒太阳。有只鹬鸟见了，快速地把嘴伸进蚌壳里去啄肉。蚌急忙把硬壳合上，钳住了鹬的嘴不放。

鹬鸟啄肉不成，反被钳住了嘴，便威胁蚌说："好吧，你不松开壳就等着。今天不下雨，明天不下雨，把你干死！"

蚌毫不示弱地回敬说："好吧，你的嘴已被我钳住。今天拔不出，明天拔不出，把你饿死。"

就这样，鹬和蚌互相争持，谁也不让谁。有个渔翁经过这里，便轻易地把它们一起捉住了。

"有种"和"孬种"

"种"指胆量或骨气。孬种：贬义名词。原为宗教名词，现通常指人胆小怕事，或品格低下。

言必信，行必果

这句老话儿，意思是说出话来一定要算数，行动起来一定要果断、坚定。

语出自《论语·子路》。故事说，有一次，子贡向孔子请教说："怎样才配称为士？"孔子回答道："能够用羞耻之心来约束自己的行为，奉命出使到其他诸侯国家，能够不辜负君主委托，很好地完成任务，这样的便可以称为士了。"子贡又问："请问次一等的呢？"孔子回答道："宗族中的人称赞他孝顺父母，乡里的人称赞他尊敬师长。"子贡又问："请问再次一等的呢？"孔子回答道："说话一定兑现，行动一定坚决……"

"言必信，行必果"就是从这里来的。

野火烧不尽，春风吹又生

"野火烧不尽，春风吹又生"这句老话儿，意思是指野草的生命力十分旺盛，顽强，秋季烧荒的大火烧不完它。等到来年大地上吹来暖和的春风，从已烧焦的草根下又会长出旺盛的新草。以此比喻顽强、有生命力、不可扑灭。

语出唐代诗人白居易的《赋得古原草送别》诗，原诗为：

> 离离原上草，一岁一枯荣。
>
> 野火烧不尽，春风吹又生。
>
> 远芳侵古道，晴翠接荒城。
>
> 又送王孙去，萋萋满别情。

远水不救近火

这句老话儿，意思是远处的水救不了近处的火，用来比喻缓不济急。

语出自《韩非子·说林上》。故事说，为了睦邻友好，鲁穆公派公子们到邻国去做官。大臣犁鉏认为不妥，这样解决不了问题。他对鲁穆公说："越国是水乡之国，人们都善于游泳。可是我们这里如果有人掉进水里，去请越国人来抢救，不等越人赶来，溺水的早已淹死了。又比如，如果着了火，到千里之外的大海里取水来救，海水虽多，大火一定扑不灭。这道理很简单，远处的水救不了近处的火。"

亦有"远水不解近渴"之说，义同。

以小人之心，度君子之腹

这句老话儿，意思是道德品质恶劣的人用自己惯有的卑劣的想法，去推测正派人的心思。

语出自《左传》，是一个倡廉故事。故事说，春秋时期，晋国由将军魏舒继任执政大臣。在处理一起诉讼前，诉讼的一方暗中把女乐人送给魏舒，魏舒打算收下来。魏戊知道后，就对大臣阎没和女宽说："魏舒以不受贿扬名各国，如果收下女乐人就没有比这更大的贿赂了。你二位一定要劝谏他。"退朝后，他们在院里等着。送饭的来了，魏舒就招呼他俩一起来吃。阎没和女宽眼盯着桌上的饭菜，接连三次叹气。魏舒问他们："我听伯父叔父们说，吃饭时要忘记忧愁，你二人为什么三次叹气呀？"

　　阎没和女宽异口同声地说："昨晚有人把酒赐给我们两个小人，所以没有吃晚饭，现在饿的慌，见上来的饭菜，恐怕不够吃，所以叹气。菜上一半，我们责备自己。难道将军请我们吃饭会不够吃？因此又叹息。等饭菜全上了，我们愿意把小人的肚子当作君子的心，刚刚满足就行了！"

　　魏舒一听最后的话，才明白阎没、女宽是借吃饭来劝谏他。他非常羞愧马上下令把那个女乐人辞退了。

　　"以小人之心，度君子之腹"就是从这个故事演变而来的。

余音绕梁

　　形容歌声或音乐优美，余音回旋不绝。也比喻诗文意味深长，耐人寻味。语出《列子·汤问》："昔韩娥东之齐，匮粮，过雍门，鬻歌假食，既去，而余音绕梁欐，三日不绝。"清代贺裳《载酒园诗话·宋欧阳修》："至若叙事处，滔滔汩汩，累百千言……所惜意随言尽，无复余音绕梁"之意。

　　古代传说：韩娥善歌，曾东行至齐，因中途断粮，在雍门卖唱乞食，人去而余音绕梁，三日不绝。"余音绕梁"，回旋不散，后遂用以赞扬歌声之美妙动听，使人难忘。晋张华《博物志》卷五作"余响绕梁"。唐罗隐《中元夜泊淮口》诗"欹枕正牵题柱思，隔楼谁转绕梁声"，用典本此。

糟糠之妻不下堂

这句老话儿，是指贫困时曾共食糟糠的妻子，也就是共过患难的妻子不能赶下堂去。

语出《后汉书·宋弘传》。故事说，当时，汉光武帝刘秀的姐姐湖阳公主刚死了丈夫，汉光武帝和她一起议论朝廷大臣，以便暗中观察她对谁有意。公主说："宋公（宋弘）的威仪、容貌、德行、器宇，没有一个大臣能赶得上他。"汉光武帝说："我替您试探试探。"后来，光武帝召见宋弘时，让湖阳公主坐在屏风后面，光武帝对宋弘说："谚语说，人显贵了就要更换朋友，富了就要更换妻子，这是人之常情吗？"宋弘回答道："我却听说，贫贱时的朋友不能忘记，共患难的妻子不能赶下堂去。"光武帝回头对公主说："这事难办啦！"

"糟糠之妻不下堂"就是从这个故事来的。

早知今日，悔不当初

佛家指出，"今日"之果是"当初"之因的延续。众生在"今日"尝到苦果才"悔不当初"，而菩萨深明"因果"之理，终无懊悔，所谓"众生畏果，菩萨慎因"，便是这个道理。《五灯会元·天衣怀禅师法嗣》："早知今日事，悔不慎当初。"后简化为"早知今日，悔不当初"，谓早知道有今天这种结局，不如当初不那么做，指后悔莫及。如《水浒传》第四一回："黄文炳告道：'小人已知过失，只求早死。'晁盖喝道：'你那贼驴，怕你不死！你这厮早知今日，悔不当初。'"也作"早知今日，何必当初"。如巴金《秋》尾声："她这次回来还出城到四妹坟前去看过一次，谈话中也常提到四妹，真是早知今日，何必当初！"

掷地有声

原形容文学作品文辞优美，声韵铿锵。后用"掷地有声"形容文章或话语气势豪迈，坚定有力。

东晋文学家孙绰以文采著称，曾作《游天台山赋》，辞致精工，写成后示友人范荣期，自诩："卿试掷地，当作金石声也。"范荣期初犹不信，开卷披览，每念至佳处，就赞叹说："应是我辈语！"后因以形容辞章优美。如唐代李峤《赋》诗："乍有凌云势，时闻掷地声。"又以掷地称人的才华之高，如宋代王禹偁《重修山庙碑》："惭非掷地之才，有玷他山之石。"

种瓜得瓜，种豆得豆

这句老话儿，是说造什么因，就得什么果。

语出明人冯梦龙的《古今小说》第二十九卷。说的是宋高宗年间的临安府尹柳宣教，上任之时，厅下一应人等俱来参拜，独有水月寺住持玉通禅师未到。他很生气，于是定下了一条毒计，让艳女红莲勾引玉通，并取得证物，想加害玉通。玉通禅师上了红莲的当，却识破了柳宣教的阴谋，索性在禅椅上圆寂（死）了。他死后投胎于柳家，柳女柳翠就是玉通禅师的化身。这柳翠不守妇道，干尽风流韵事。佛家认为，这是玉通对柳宣教的报复。玉通的朋友明月和尚看到玉通（柳翠）堕落风尘已久，便派法空长老前去点化柳翠。

柳翠问道："师父，你有何本事，来此化缘？"法空说："贫僧没甚本事，只会说些因果之事。"柳翠问道："什么是因果？"法空说："前为因，后为果；作者为因，受者为果。如同种瓜得瓜，种豆得豆一样，种是因，得是果。没有播种，怎么会有收成？好因得好果，恶因得恶果。"

"种瓜得瓜，种豆得豆"，就是从这个故事来的。

四 老 话 儿 的 来 历

照葫芦画瓢

这句老话儿，是从"依样画葫芦"演变而来的。是比喻毫无创意，只是照样模仿，即照葫芦画瓢。如《镜花缘》第八回："侄女既不认得，又不知从何下笔，只好依样画葫芦，细细临写。"

语出宋人《车轩笔录》卷一："太祖笑曰：'颇闻翰林草制（起草圣旨），皆检前人旧本，改换词语，此乃俗所谓依样画葫芦耳，何宣力之有？'"

还有《续湘山野录》记载，翰林学士陶毅申请退休，宋太祖劝道："依样葫芦，且作且作。"于是陶毅作诗自嘲曰："堪笑翰林陶学士，年年依样画葫芦。"

明人冯梦龙的《古今笑史》记载了一个故事：胡卫、卢祖两位学士在翰林院起草朝廷的赦书，其中有句话说："江淮尽扫于胡尘"，他们的本意是要说"江淮胡尘尽被扫净"，但是错用了一个表示被动的"于"字，则变成了"江淮尽被胡尘所扫"，意思完全反了。于是，太学生们作诗嘲笑这胡卫、卢祖二学士道：

"胡尘已被江淮扫，

却道江淮尽扫于，

传语胡卢二学士，

不如依样画葫芦。"

是说胡、卢二人要别出心裁，结果闹出了笑话，还不如照葫芦画瓢，照抄别人的文字为好。

只要功夫深，铁杵磨成针

这句老话儿比喻做事要有毅力，勤奋不辍就会取得成功。语出明代陈仁锡的《潜确类书》。故事说，唐代大诗人李白在少年时代一度不认真读书学习。有一次，该读的书还没有读完，他就出门玩耍去了。路上有一个老

老
话
儿

人家正在吃力地磨着一根铁棒，李白见了，觉得很奇怪，便问道："您老人家为什么要磨这根铁棒呢？"老人家说："我要把它磨成一根针。"李白被老人家的话感动了，于是回到家里发愤读书，出色地完成了学业，终于取得很大的成就。

做东

意思指的是当东道主，引申含义为民间娱乐项目或宴请宾客时将主人或举办人称为做东。其来历据说有两个。

春秋时代，晋国公子重耳结束十九年的流亡生涯回国登基，想到曾逃亡到郑国，郑国对他极不友好，他就联合秦国攻郑。郑国老臣游说秦国：如果秦国不打郑国，把郑国留着做秦国东方道路上的主人，秦国向东用兵路经郑国时，郑像主人一样，很好地接待秦国的兵将，做秦国的根据地。后世就把"东道主"作为了"主人"的代称，请客叫"做东"，把房子的主人也叫做"房东"。

我国古代建造的房屋大都是坐北朝南的，有地位或富裕的人家，房子的正中是客厅，在厅中朝南放置两个座位，一东一西。接待客人时，主人总是先把客人迎到西边的座位上，然后才在东边的座位上落座。还有的人家更讲究，他们在厅门上修东、西两条并排的路，进厅门的台阶也分东、西两处。迎接客人时，将客人引到西边的道路，由西处的台阶进厅；主人则与客人并排走在东边的道路上，由东边的台阶走进客厅。在我国一本古书《礼记》上，就写明了这样的规定："主人就东阶，客就西阶。"所以主人又被称为"东道主"或"东道"，简称为"东"，争着做"主人"，当然就变成争着"做东"啦。

醉翁之意不在酒

这句老话儿，意思是本意并不在此，而是另有所图，在别的方面。

语出北宋欧阳修的《醉翁亭记》。是说，安徽滁州琅琊山，山中有泉，名"酿泉"。泉边有亭叫"醉翁亭"。此亭是和尚修的，欧阳修起的名字。欧阳修给自己取名"醉翁"，常约朋友来此喝酒，喝一点就酩酊大醉。那么，这欧阳修酒量不大，喝一点就醉，为什么还要喝呢？文中说道："醉翁之意不在酒，在乎山水之间也。"也就是说，醉翁的本意不在喝酒，而在于欣赏山水风光是借喝酒的兴致，以获得欣赏山水的乐趣。

老话儿

五 改变原意的老话儿

中国文化博大精深，源远流长，中国的汉字文化历经了五千年的风雨历程最终发展到今天。老话儿是汉语中不可缺少的一部分。在日常的交流中，如果没有了各种有趣的俗语穿插其中那就像吃菜没有盐一样，食而无味。

一部分老话儿在流传的过程中，有的被人们忘记了出处，用词产生了变化；有的被人们忘记了出处，使得所代表的意思产生了改变；有的被人们改变了原来所代表的意思；有的原来是褒义，在演变的过程中却变成了贬义。既然已经如此流行了，那就约定俗成吧。不过了解一下这方面的知识还是必要的。

不到黄河心不死

本是"不到乌江心不死"。乌江，项羽他老人家自刎的地方。乌江讹变成黄河，真是让人无从解释了。

不见棺材不落泪

本是"不见亲棺不落泪"，并不是见了任何棺材都落泪。讹变为"不见棺材不落泪"，如果不管谁的棺材，只要见到就落泪，那就有点太莫名其妙了。

吹牛

用"吹牛"形容说大话，意思再明白不过了，大家都懂。那为什么不用"吹猪""吹羊"来形容呢？你还别说，在古代，吹牛、吹猪、吹羊的都有。"吹牛"一词，大概源于屠夫。从前（现在也是），杀猪宰羊，血放完了以后，屠夫会在猪、羊的腿上靠近蹄子处割开一个小口，用一根铁条插进去捅一捅，然后用竹管使劲往里吹气，直到猪、羊全身都膨胀起来。这样，剥皮的时候就会很方便，用刀轻轻一拉，皮就会自己裂开。这叫吹猪或吹羊。如果用这种方法对付牛，就叫吹牛。"吹牛皮"这一俗语，来源于陕甘宁和内蒙古一带。以前，这些地方的人过河，靠的是皮筏子。当地人用整只羊皮晒干漆上油漆，吹上气使它鼓起来，再把几张羊皮扎在一起，就可以渡河了。把小筏子连在一起，可以成为大筏子，大筏子连在一起，可以承载千斤重物过河。羊皮筏子较小，人们常用嘴把它吹鼓起来。有个人说他不仅会吹羊皮筏，而且还能吹起牛皮筏来，后来有人真的将牛皮拿给那人去吹，因牛皮太大，那人怎么吹也吹不起来。从那以后，人们就用"吹牛皮"来形容爱说大话的人。

嫁鸡随鸡，嫁狗随狗

原为"嫁乞随乞，嫁叟随叟"，意思是一个女人即使嫁给乞丐或者是年龄大的人也要随其生活一辈子。随着时代的变迁，这一俗语转音成鸡成狗了。

空手套白狼

这句老话儿，比喻不做任何投资到处行骗的手段。今天看来，这个词可是个贬义词，但是原来却是个褒义词，这是怎么回事呢？

据战国时的魏国史书《竹书纪年》记载："有神牵白狼衔钩而入商朝。"《帝王世纪》也载："汤得天下，有神獐、白狼衔钩入殿朝。"孟子说，五百年必有圣人出。商取代夏时，祥瑞的白狼出现了，预示改朝换代了。

唐书《文艺类聚》中说："白狼，王者仁德明哲则见。"《国语·周语》记载：周穆王征伐大戎，得到四头白狼、四头白鹿，非常高兴地凯旋了。能空手把祥瑞的白狼套住，应是有道国君和勇士。

溜须

在蒙古舞和新疆舞中，一到表现欢快的时候，男演员总是用大拇指从鼻子向左右抹他的胡子。在电影和电视剧里，我们经常见到这样的镜头，新疆维吾尔族和蒙古族的男人在喝完了酒或者奶茶以后，也要左右抹两下胡子，然后就哈哈大笑，由此可见，抹胡子就是蒙古族、新疆人（即色目人）高兴时的传统习惯动作。这个"抹胡子"的动作，用汉语说就是"捋须"了。

下级奴仆总是不愿意老爷烦闷焦躁、上司怒火中烧，因为他们往往会迁怒于下级和奴仆，所以，下级和奴仆的最好办法，就是想方设法让上司和老

爷高兴，上司和老爷心平气和了，手开始捋须了，大家悬着的心就像一块石头一样落地了。后来简而化之，就把哄人高兴称为"捋须"。

这种起于官场和大宅门的简称，通过口耳相传流入民间以后，发生了两个变化，一个是把"捋须"变成了"溜须"，另一个是把捋须的人从上司和老爷变成了下级和奴仆。比如我们现在经常说的"给领导溜须"或者说"溜领导的须"。

要知道，上司和老爷的须，是不可能让别人捋的，别人也不敢去捋，俗话说"谁敢给老虎捋须呀"！

舍不得孩子套不住狼

本是"舍不得鞋子套不住狼"，意思是要打到狼，就要不怕跑路，不怕费鞋。不过这个我还能理解点，因为好像四川那边管鞋叫"孩子"，不是真用孩子去套狼。

无商不奸

是后人杜撰的，原意为"无商不尖"。"无商不尖"，出典为旧时买米以升斗作量器，故有"升斗小民"之说。卖家在量米时会以一把红木戒尺之类削平升斗内隆起的米，以保证分量准足。银货两讫成交之后，商家会另外在米箩里籴点米加在米斗上，如是已抹平的米表面便会鼓成一撮"尖头"。量好米再加点添点，已成习俗，即但凡做生意，总给客人一点添头。这是老派生意人一种生意噱头，这一小撮"添头"，很让客人受用，故有"无商不尖"之说。"无商不尖"还体现在去布庄扯布，"足尺放三""加三放尺"；拷油拷酒都有点添头；十里洋场的上海，在王家沙吃小笼馒头免费送蛋皮丝开洋清汤，"老大昌"称糖果奉送两根品牌三色棒头糖。

客观来讲，商业是一种交易行为，考查的是从事商业行为当事人的眼光、胆识、对市场需求的敏感和把握程度，是存在风险的，因此获利较大，

老话儿

商人的精明常常给使用者一种"奸诈"的印象，认为购买的商品并非物有所值，容易忽略了涵盖在其中的智力成果及其价值，因此无商不奸不排除是略带情绪的一种说法。

此外，在市场经济发展初期，市场不规范、制度不健全，尤其是在从业者道德素质良莠不齐的状况下，存在很多扰乱市场的行为，因此更加印证了"无商不奸"的说法。

有眼不识金镶玉

本是"有眼不识荆山玉"。荆，指古代楚国；"荆山玉"，是玉匠在荆山发现玉的。

有眼不识泰山

作为一个成语，常常用来表示自己的见识太少，有名望的人在自己眼前也认不出来。但是这个"泰山"可不是指的五岳泰山哦，它其实指的是一个叫泰山的人，关于这句俗语的来源，倒是一个很有趣的故事。

话说木匠的祖师爷是鲁班，手艺巧夺天工，非常高明。传说他曾用木头做成飞鸟，在天上飞三天三夜都掉不下来。可就是这样一位高人，也有看走眼的时候。鲁班招了很多徒弟，为了维护班门的声誉，他会定期考察淘汰一些人，其中有个叫泰山的，看上去笨笨的，来了一段时间，手艺也没有什么长进，于是鲁班将他扫地出门。几年以后，鲁班在街上闲逛，忽然发现许多做工精良的家具，做得惟妙惟肖，很受人们欢迎。鲁班想这人是谁啊，这么厉害，有人在一旁告诉他："就是你的徒弟泰山啊。"鲁班不由感慨地说："我真是有眼不识泰山啊！"

六 结语

　　老话儿是中国语言的重要组成部分，具有言简意赅、生动活泼、风趣幽默、说理性强、表达能力强等特点，是语言中的精华，在人们的口语中广泛使用着。老话儿是前人生产、生活经验的总结，有着悠久的历史，具有传承性，有着极强的生命力，属于传统文化的范畴，是无尽的"乡愁"。研究老话儿，对于传承优秀的传统文化有着特殊的意义和作用。我们编写这本书，主旨就是让人们进一步了解老话儿，传承老话儿，使优秀的传统文化生生不息。

后　记

　　出一套"三老"（既老礼儿、老话儿、老物件）丛书，一直是我们的心愿。

　　其中《老礼儿》已经出版了，反映不错，还再版了。现在出版的是《老话儿》。在几十年对地方传统文化的挖掘、整理、研究过程中，深深感到，地方文化虽有地域的相同，但十里不同俗，还有不小的差异。所以在编写《老话儿》的过程中，我们动员了研究会所有的人参与。然后分别集中到了赵永高、袁树森二位老师的手中，尔后安全山、齐鸿浩二位老师进行了审读。最后由袁树森同志统筹出了第一稿。北京市文联的黄硕女士对书稿进行了增删和调整，又返回了研究会。我们再次组织人力审议、修改才送出版社终审。现在看来，虽然尽了心，出了力，但仍有较大的不足。特别是量大筛选很难，而老话儿又是人们世代流传下来的精华。而且随着社会的发展不断被赋予新的内涵。所以说编好一本老话儿集，并不是一件容易的事。

　　好在经过大家的共同努力，终于拿出了这一稿。这既是大家心血的结晶，也是研究会和出版社合作的硕果。

张广林

（北京永定河文化研究会　会长）

2018 年 12 月